弘道録

［明］邵經邦 著
［清］康熙四十年刊

江蘇大學出版社
JIANGSU UNIVERSITY PRESS
鎮江

3

弘道錄卷之十三

明刑部員外郎仁和邵經邦弘齋學

皇清詹事府少詹事四世孫遠平補案

夫婦之禮

禮記昏禮者將合二姓之好上以事宗廟而下以繼後世也故君子重之是以昏禮納采問名納吉納徵請期皆主人筵几於廟而拜迎於門外入揖讓而升聽命於廟所以敬慎重正昏禮也共牢而食合巹而酳所以合體同尊卑以親之也敬慎重正而后親之禮之大體而所以成男女之别立夫婦之義也夙興婦沐浴以俟見質明贊見婦於舅姑婦執笲棗栗段修以見贊

醴婦婦祭脯醢祭醴成婦禮也舅姑入室婦以特豚饋明婦順
也厥明舅姑共饗婦以一獻之禮奠酬舅姑先降自西階婦降
自阼階以著代也成婦禮明婦順又申之以著代所以重責婦
順焉也婦順者順於舅姑和於室人而后當於夫以成絲麻布
帛之事以審守委積蓋藏是故婦順備而后內和理內和理而
后家可長久也故聖王重之

錄曰有天地然後有萬物有萬物然後有男女有男女然後
有夫婦有夫婦然後有父子有父子君臣上下禮義有所措
夫婦之道莫有先焉故旣曰君子重之又曰聖王重之然其
徵辭與義惓惓於一鴈凡納采問名納吉納徵請期親迎俱

有鴈贄所以敬愼重正不一而止而後世忽之一奠鴈親迎尚不能及則是未配而輕祖未交而薄婦禮於隨時倡和忽於再偶重匹苟簡至此又何禮之足云

書堯典釐降二女于嬀汭嬪于虞

錄曰夫震一索而得陽而二陰乃能以貴下賤故婚媾而不喪匕鬯堯將使舜出震以守宗祏是以二女並妻而後世天子之禮定於九女者九陽數也如其義則堯之使女亦必有義矣

按堯舜俱大聖人人倫之始自宜率禮罔越若如史記世次所云同出軒轅之後至堯四世至舜八世而皇英乃軒

轅五世女舜果軒轅八世孫則是以高祖姑爲妻而堯以重孫爲壻瀆禮亂常孰甚於此即曰窮蟬而後降爲庶人與堯貴賤懸絶未知舜氏族所出然蟬身爲帝子舜上溯之僅止六世何至如此范昧邪漢劉耽書呂粱碑序云虞舜祖于幕而不言出自黃帝國語柳下惠言幕能帥顓頊者也有虞氏報焉則窮蟬之前尚有幕去黃帝之世益遠其爲錯謬更自彰明總之夫子刪書斷自唐虞上此不可遐考不獨世次爲然也

易帝乙歸妹其君之袂不如其娣之袂良

錄曰帝乙正婚姻之禮明男女之別宜莫先於嫡妾之分也

而其君之袂不如其娣之袂良者蓋禮以質爲本婦以德爲重惟不德則徒以瑳玼展翟誇耀於人而淫慝妬忌曾莫之耻也故觀其君之袂不如娣之袂則知商道之所以興觀席寵怙侈服美于人則知殷俗之所以亾宋太祖戒永寧公主勿衣貼繡鋪翠襦可以爲後世法矣

詩大雅大邦有子俔天之妹文定厥祥親迎于渭造舟爲梁不顯其光

錄曰堯之釐降舜之徵庸也文之嘉止武之受命也於是爲之造舟爲之輿梁焉於以見其威儀氣象卓乎一代之制而遂秉天子之禮矣厥後魯哀公以一冕爲重而不知造舟之

爲光以千乘爲尊而不知俔天之難得此所以動夫子愀然之對而卒無不顯之光也尙得謂秉禮之國哉

周南葛之覃兮施于中谷維葉萋萋黃鳥于飛集于灌木其鳴喈喈葛之覃兮施于中谷維葉莫莫是刈是濩爲絺爲綌服之無斁言告師氏言告言歸薄汙我私薄澣我衣害澣害否歸寧父母

錄曰夫所謂之天妹者非以其崇高富貴而不可踰也正以其已富而能勤已貴而能儉已長而敬不弛於師傅已嫁而孝不衰於父母後世若婦無公事休其蠶織則與葛之覃兮者異矣若鼎鐺玉石金塊珠礫則與服之無斁者異矣若大

夫跋涉我心則憂則與言告師氏者異矣若齊子歸止其從
如雲則與歸寧父母者異矣此禮之所以不古若也
名南何彼穠矣唐棣之華曷不肅雝王姬之車何彼穠矣華如
桃李平王之孫齊侯之子其釣維何維絲伊緡齊侯之子平王
之孫
錄曰諸侯之女而曰百兩將之非誇也所以著文王身修家
齊之效也王姬之車而曰曷不肅雝非譽也所以見文王太
姒內治之化也夫冕而親迎反不能敬以將之者挾也阼以
著代反不能和以承之者戾也昏姻之道莫不善於有所挾
莫不祥於有所戾泰以陰順之德席崇高之勢而能卑以自

牧所謂肅也歸妹以少艾之姿屈於長男之下而能動以相說所謂雝也此平王之孫齊侯之子所由至今嘆美無斁也

按二南皆美文王之化而何彼襛矣乃王姬下嫁諸侯之詩文王當日尚未稱王顯言王姬則非文王女可知詩註平正也謂武王女文王孫然繫之武王亦應入雅而不入風即入風詩亦應入之齊風召南載此豈文王修齊之化延及後世尚未有艾如振振公姓振振公族之謂邪宋儒王栢常曰今詩三百五篇豈盡定於夫子之手乃定二南各十有一篇兩兩相配退何彼襛矣甘棠歸之王風削去野有死麕黜鄭衛淫奔之什可謂善於言詩者

維鵲有巢維鳩居之之子于歸百兩御之維鵲有巢維鳩方之之子于歸百兩將之維鵲有巢維鳩盈之之子于歸百兩成之

錄曰諸侯之女嫁於諸侯送迓皆百兩者蓋內子之職小君之分以上則嗣續妣祖以貴則敵體諸侯昏姻之禮備然後貞女至而內治成召南之詩以鵲巢爲首言君夫人者民所瞻仰不可不謹以是爲坊猶有翟茀以朝如衛莊姜而不見答者有大車檻檻如王大夫而不敢奔者其去鵲巢之風亦何遠哉

大雅韓侯娶妻汾王之甥蹶父之子韓侯迎止于蹶之里百兩彭彭八鸞鏘鏘不顯其光諸娣從之祁祁如雲韓侯顧之爛其

盈門

錄曰愚觀親迎之禮乃齊魯之自壞非天下之不由也夫韓亦諸侯也而執禮周旋若是君子曰猶夫古也外此則俟我于著矣充耳以素矣凡以齊俗霸政之餘習也魯守禮之國而容紀履綸之來以大夫而逆君婦在紀不足責在我有可辭也以周公之裔而不若蹶父之子此夫子所深嘆也故曰詩亾然後春秋作

小雅間關車之舝兮思變季女逝兮匪飢匪渴德音來括雖無好友式燕且喜依彼平林有集維鷮辰彼碩女令德來教式燕且譽好爾無射雖無旨酒式飲庶幾雖無嘉殽式食庶幾雖無

德與女式歌且舞陟彼高岡析其柞薪析其柞薪其葉湑兮鮮我覯爾我心寫兮高山仰止景行行止四牡騑騑六轡如琴覯爾新昏以慰我心

錄曰咸之象曰山上有澤咸君子以虛受人聖人所以貴男女之感者本以令德來教也世恣於色趨漸於長顏如舜華則思之旨蓄御冬則棄之是故德音莫違曾幾何哉綠兮絲兮則治之威儀棣棣則忽之是故我思古人曾若是哉聖人以關雎行於一家桃夭施於一國車舝達於天下使知以義合者惟以德成而高山景行又足以徹乎上下凡爲國者未有不求賢以自輔爲道者未有不求友以輔仁也此山澤之

至益咸亨之孔道虛受之微意景行之良心也孰謂燕爾新昏而徒爲歌舞笑傲乎

禮郊特牲男子親迎男先於女剛柔之義也執摯以相見敬章別也男女有別然後父子親父子親然後義生義生然後禮作禮作然後萬物安壻親御授綏親之也出乎大門而先男帥女女從男夫婦之義由此始也婦人從人者也幼從父兄嫁從夫夫死從子夫也者以知帥人者也故婦人無爵從夫之爵坐以夫之齒器用陶匏尚禮然也厥明婦盥饋舅姑卒食婦餕餘私之也舅姑降自西階婦降自阼階受之室也昏禮不用樂幽陰之義也樂陽氣也昏禮不賀人之序也

錄曰此天先乎地君先乎臣之禮也自天地別剛柔錯於是有女惑男若褰裳之涉者有不親御若終風之暴者有不從男若雄狐之綏者有私出疆若敝笱之從者有智不帥若車中之黽者有自尊大若稱制之爲者有不親饋若西内之遷者皆禮之大悖者也

按古者相見必用贄物而昏禮又得攝盛士可竟用大夫之贄故詩詠士之歸妻曰雝雝鳴雁即越等之禮非如後世臆解或云取不再偶或云取順陰陽往來也觀儀禮士昏禮自納采以至親迎賓皆用鴈可見鴈爲相見之贄而非行聘之儀若行聘納幣純帛無過五兩每兩五尋止二

十丈納徵用玄纁束帛儷皮禮止如是漢時昏禮有合歡鈴九子墨唐時納采有合驩嘉禾阿膠九子蒲朱葦雙石綿絮長命縷乾漆九事卽詩東山篇九十其儀注言九其儀十其儀爲儀之多鵲巢百兩將迎則指送迎者之盛韓奕爛其盈門則指一娶九女姪娣從之而言歷考古禮並無珠玉錦繡如後之奢麗者也然曰昏不用樂昏禮不賀則古亦未必然易經陰陽咸感爲取女之卦非獨幽陰之義故關雎琴瑟鐘鼓車舝式歌且舞未嘗諱之左傳昭三年鄭子太叔如晉會少姜之葬謂梁丙曰齊必繼室今茲吾又將來賀則春秋時已皆賀昏惟曾子問有娶婦家三

日不舉樂之文想或止於三日爾

左傳隱公五年考仲子之宮將萬焉公問羽數於衆仲對曰天子用八諸侯六大夫四士二夫舞所以節八音而行八風故自八以下公從之初獻六羽始用六佾也

錄曰東萊呂氏曰成王以天子禮樂賜周公至隱公獨能疑數百載之非爲衆仲者盍申告之使天下再見周公之禮樂是曾有二周公也曰非也夫禮不妄說人不辭費是故天冠地履之分禮先樂後之文斷乎其不可移易也隱以庶長而奉宗廟考惠公配孟子者禮也乃狥人之好考妾之宮冠履倒矣所謂妄說人者也爲衆仲者宜申告以妾庶長幼之序

二本耦嫡之非先名正言順而後禮樂可興也乃徇公之見陳羽之數先後紊矣所謂辭費者也雖以是羽獻羣廟已紊周公之制而無救於僭竊之非況責其末流之弊乎君臣上下舉不知務宜乎有譏而不見有亂而不知也

按禮文舞用翟樹雉尾於竿執而舞之故曰羽舞天子用八則每行八人合之爲六十四人諸侯用六則每行六人合之爲三十六人其下以是爲差魯侯國而用六羽宜也但其祀文王已用八佾其後用之羣廟相沿已久莫覺其非故書曰初者譏前之僭也禮廟祭一考一妣凡繼室以子貴者别立廟祭之仲子之宮係繼室别宮又宜遞殺其

用六羽雖似謹循侯度然猶未得爲禮之正耳

季文子如宋致女復命公饗之賦韓奕之五章穆姜出于房再拜曰大夫勤辱不忘先君以及嗣君施及未亡人先君猶有望也敢拜大夫之重勤又賦綠衣之卒章而入

錄曰胡氏曰伯姬賢行著於家故致女使卿特厚其嫁遣之禮賢名聞於遠故諸國爭媵信其無妬忌之心程氏謂一女子賢尙聞於諸侯況君子哉二說皆非經義蓋穆姜致女於宋入而賦綠衣何其德也後宣淫於定伯占而遇隨又何悪也詩云無非無儀以未亡人而勤大夫之辱有非議矣書曰惟家之索以君饗臣而母出于房牝鷄晨矣既而壞隤之逼

由此焉肇然則非以賢伯姬實以譏魯亂也聖人之意深哉

按古昏禮婦至之夕以贄見舅姑厥明舅姑共饗婦以一獻之禮如舅姑不逮或僅有姑存則俟廟見然後成婦禮而祭不欲數親迎之際既已告廟而往若急於薦寢而匆匆再瀆備禮則傷於煩殺禮則昏事又屬重大故以三月爲期因時祭以廟見廟見後女家遣人聘問致成婦之禮謂之致女伯姬以二月歸宋夏月魯遣行父如宋致女蓋國君夫人宜遣正卿也或疑合巹以後即當同衾三月之前豈伊異室而殆非也周禮婦與良人衾枕明設兩地不然則必來先配後祖之譏矣何以爲夫婦乎

列女傳伯姬嫁於共公公卒伯姬寡至景公時伯姬之宮夜火左右曰夫人少避火姬曰婦人之禮保傅不俱夜不下堂保母至矣傅母未至左右又曰夫人少避火姬曰婦人之禮傅母不至夜不可下堂越義求生不如守義而死遂逮乎火而死

錄曰春秋書宋災宋伯姬卒夫子修經存而不削嘉之也時共公已死夫人未亡人爾斷鼻既非正中自經恐汙溝瀆傳母不至可辭以禮矣死而得名復何憾哉

按春秋成九年伯姬歸于宋姬本成嫡母穆姜所出成公妹宋共公夫人也成十五年而共公卒其子平公立至十八年而魯成公卒越魯襄三十年而書宋災宋伯姬卒則

共姬之子在位且三十三年共姬巳非少婦矣故左氏謂其女而不婦非謂老婦可以自恣亦謂國母而御婦妻何所不得而必待傳母後行邪不然敬姜於季康子爲從祖母且年巳高與之言猶不踰閾仲尼許以知禮蓋謹於爲婦之防者嚴矣

孟姬者華氏之長女齊孝公夫人也好禮貞一公遊于瑯琊孟姬從馬奔車碎孝公使駟馬立車載之姬使御者舒帷以自障蔽而使傅母應曰妾聞妃后踰閾必乘安車輜軿下堂必從傅母阿保進退則鳴玉環珮內飾且結組綢繆野處則帷裳擁蔽所以正心一意自斂制也今立車無軿非所敢受命也野處無

衛非所敢久居也二者失禮多矣夫無禮而生不若早死使者馳以告公更取安車然後乘而歸

錄曰孟姬可謂知禮者乎夫禮不可斯須去身也故女子出門必擁蔽其面而可受立車之載邪雖然孝公瑯琊之行夫人從之其省耕省斂乎抑從獸樂酒乎姬如審此必不待馬奔車碎野處倉皇而優游於門內之職可矣

按禮子生七年男女不同席不共食自幼時而已嚴不同椸架不同巾櫛即夫婦而亦謹故女子以不得已事出門必擁蔽其面此自然之理然而祭祀則君親致祭夫人薦盎君親割牲夫人薦酒卿大夫從君而又命諸命婦從夫

人君在東而西酌犧象夫人在西而東酌罍尊此時百執事咸駿奔走而東西交馳男女雜沓似與此禮相悖猶可解曰祭祀之事必夫婦親之以備內外之官所謂非祭非喪不相授器者也至於燕饗之禮夫人見賓交爵大夫之喪君夫人出弔士大夫妻入宮乳世子三年是不可已乎别嫌明微何說之矛盾也

齊莊公襲莒杞梁殖戰而死莊公歸遇其妻遣使者弔之於路妻曰令殖有罪君何辱命焉若免於罪則有先人之敝廬在下妾不得與郊弔公乃還車詣其室成禮然後去其妻無子內外皆無五屬之親乃枕其夫之屍於城下而哭道路過者莫不揮

滂十日而城爲之崩既葬曰吾何歸矣遂赴淄水而死

錄曰杞梁妻非華孟姬比也夫往役義也游觀非義也故伯兮之執殳與雄雉之貽阻皆非婦人所得爲也其崩城不爲異變俗不爲多者以皆内誠之所感也嗚呼從容執禮無敢自遂君子謂其貞而有禮信其然與

國語公父文伯之母欲室文伯饗其宗老爲賦綠衣之三章老請守龜卜室之族師亥聞之曰男女之饗不及宗臣宗室之謀不過宗人謀而不犯微而昭矣詩所以合意歌所以詠詩今詩以合室歌以詠之度於法矣

錄曰敬姜之饗與穆姜之饗可同日語哉匹配生民之始重

宗廟而謀於宗老所以合二姓之好也易曰閑有家悔亾其敬姜之謂夫是故言不及外朝智也室必及守龜信也饗不及宗臣禮也勞不怨所事義也言不忘舅姑仁也君子所以深善之哉

儀禮經傳曾師春姜曰婦人以順從爲務貞慤爲首故事夫有五平旦纚笄而朝則有君臣之嚴沃盥饋食則有父子之敬報反而行則有兄弟之道受期必誠則有朋友之信寢席之交而後有夫婦之際

宋女宗者鮑蘇之妻也蘇仕衛三年而娶外妻其姒謂曰夫人旣有所好子何留乎女宗曰婦人以專一爲貞善從爲順豈以

專夫室之愛爲善哉吾夫士也二室亦宜且婦有七去妬正爲首吾奴不教吾以居室之禮而反使吾爲見棄之行可乎宋公聞之爲表其廬號曰禮宗

錄曰魯與宋皆秉禮之國也故若師若宗眞可爲閨門之範宫闈之式後世禮教所由取則者古今女史中可多見乎

小學曰季使過冀見冀缺耨其妻饁之敬相待如賓與之歸言諸文公曰敬德之聚也能敬必有德德以治民君請用之臣聞出門如賓仁之則也文公以爲下軍大夫

龐公未嘗入城府夫妻相敬如賓劉表候之龐公釋耕壠上而妻子耘於前表曰先生苦居畎畝而不肯官祿異日何以遺子

孫公曰世人皆遺之以危我獨遺之以安雖所遺不同未爲無所遺也表嘆息而去

錄曰冀缺之耨與龎公之耕有以異乎夫冀以名屈者也龎以身屈者也以身屈者退而無止以名屈者進而可伸此其所以異也夫呂甥之難誰則不聞然而未廣也射鈎之事可以法矣季一言而受上賞缺三晉而正卿位文公之權審乎

漢書文帝所幸愼夫人在禁中嘗與皇后同席坐及帝幸上林后與夫人從郎署長布席袁盎引卻夫人坐夫人怒不肯坐上亦怒而起盎因前進曰臣聞尊卑有序則上下和今旣立后夫人乃妾爾孰可與同坐陛下獨不見人彘乎上說乃召語夫人

賜盎金五十斤

錄曰愚觀漢之草創不獨朝廷之上君臣之間其宮闈之內亦多粗率此可類見非文帝之過乎寵愛有心耦嫡也特忘乎禮之不可耳此盎之御坐所以全愼夫人者不已至哉

按漢谷永言女子三十容華驟改男子五十好色未衰故人主宮闈之內狎昵燕私縱少有偏暱人臣之義猶子之於親自有不敢指斥者孝文幸愼夫人至與皇后並席盎惟引御之已耳不能使帝頓衰其寵亦猶高帝謂如意類我子房亦安之而已不能必帝之去戚夫人也假使果能令二帝必去二夫人縱不慮及後患亦豈人臣所敢出哉

葢孔子不止嚳之女樂管仲不問齊桓之六嬖四姬非知其不可而故爲緘默大體自應如是乃任情喜事之流至有形之章奏過爲排擊厤聲徧播輦轂間如前明移宮之事者此在布衣交且猶不堪而謂天子優容之乎卒使閹豎得間以逞其私亦楊左諸臣過激之耳若夫貪緣內寵希進其身又在不議不論之列矣

東漢和熹鄧皇后入掖庭爲貴人時年十六恭肅小心動以法度承事陰后夙夜戰兢接撫同列常克已下之雖宮人隷役皆加恩借每會諸姬貴人相競飾麗簪珥光采袿裳鮮明后獨尙質深自抑損其衣色有與陰后同者卽解易若並時進見不敢

正坐離立行則僂身自卑帝每有問嘗逡巡後對不敢先陰后語帝知后深心曲體嘆曰修德之勞乃如是乎

錄曰貴人年止十六而一言動之有節一衣飾之有常蓋其得乎養性者居多非盡嫻乎禮教者也然能此則非但無慎夫人之失而馬后大練之風將行於上下矣豈非漢家禮法之宗乎

班昭爲曹世叔妻號大家博學高才作女訓七篇一卑弱二夫婦三敬慎四婦行五專心六曲從七和叔妹其畧曰古者生女三日臥之牀下明其卑弱主下人也弄之瓦磚明其習勞主執勤也齋告先君明當主其祭祀也三者蓋女人之常道禮法之

典教謙讓恭敬先人後巳有善莫名有惡莫辭忍辱含垢常若畏懼晚寢早作勿憚夙夜執務私事不辭劇易所作必成手迹整理正色端操以事夫主若此苟備而患名稱之不聞黜辱之在身未之有也女有四行婦德婦言婦容婦功婦德不必才明絕異也婦言不必辯口利辭也婦容不必顏色美麗也婦功不必工巧過人也幽閑貞靜守節整齊行已有耻動靜有法是謂婦德擇辭而說不道惡語時然後言不厭於人是謂婦言盥浣塵穢服飾鮮潔沐浴以時身不垢辱是謂婦容專心紡績不好戲笑絜齊酒食以奉祭祀供賓客是謂婦功此四者女之大德然爲之甚易唯在存心爾

錄曰記禮之言陰陽剛柔之大義也女訓之言内外周旋之曲折也故以爲門内之知禮者告焉或曰昭之時權歸女主女訓之言不能格正而尙預外事豈敬慎之道婦順之德乎蓋嘗觀之易矣小過亨利貞可小事不可大事不宜上宜下大吉此之謂也是故兄王臣也反罣誤而被刑剛失位而不中也妹妾婦也反得時而褒顯柔而得中也以先幽困而後道顯揚小過亨也踵兄之成書利貞也作訓七篇俾諸女朂勉不宜上宜下也然而后方以六五稱制在上乃能大善相遇豈非所謂大吉哉象傳之言若有爲而發也

梁鴻家貧尙節介鄉里慕其高多欲女之鴻絶不娶同縣孟氏

有女狀肥醜而擇對不嫁父母問其故女曰欲得賢如梁伯鸞者鴻聞而聘之女求作布衣麻履織作筐緝之具及嫁以裝飾入門七日而鴻不答妻跪請曰竊聞夫子高義簡斥數婦妾亦偃蹇數夫矣今而見擇敢不請罪鴻曰吾欲裘褐之人可與俱隱者今衣綺縞傅粉墨豈鴻所願哉妻曰以觀夫子之志爾乃更爲椎髻著布衣操作而前鴻喜曰此眞吾妻也字之曰德曜後東出關至吳中大家臯伯通居廡下爲人賃舂每歸妻爲具食不敢鴻前仰視舉案齊眉伯通察而異之曰彼傭非凡夫也舍之家卒爲葬要離塚旁曰要離烈士伯鸞清高可令相近

錄曰夫磬折傴僂可施於王公大人而不能施於匹夫匹婦

揖讓進退可行於大廷廣衆而不能行於私居袵席葢王公大人與夫大廷廣衆勉也匹夫匹婦與夫私居袵席忽也其勉者非心服也惟於幽獨之際而畧無怠肆之容此非心化其德安能如是哉既非勢利矯揉之爲則其爲閨門伉儷之則較然無以易矣

按夫婦元以義合而人易以恩勝積漸恃愛每至蕩閑踰節陵制干瀆不可復以禮法檢束者多矣度其初詎意至此良由狎昵太過私心難抑浸潤之言易入熒惑之術偏工逞己任性挾持短長丈夫由愛生畏習焉不覺因婦德之無良而敗厥行誼何可勝道古人遇妻子若嚴君故婦

見夫必行長跪如冀缺梁鴻古風尚可想見也嗚呼缺與鴻一耕傭之夫耳其妻猶然敬之世之都卿相紆金紫貤榮其妻六珈象揥而遇其夫若奴隸爲之夫者惟恐彰聞致人譏訕或反曲爲文飾以彌縫其愆違其行事不曰舉案相莊則曰如賓之敬援貧賤之偶掩富貴之羞而孰知古人視之不啻涕唾之污浼也邪皐伯通吳中大家他事未見有稱而獨賴廡下之傭附其名以不朽雖屬偶幸然亦自是具眼非世俗皮相所能望其肩背者也

晉書孫晷妻虞氏會稽虞喜從女晷居富春聞喜隱居慕其德乃聘其弟預女爲妻晷性至孝虞氏克相其舅姑起居佐舉食

饌未嘗離左右容止未嘗傾倚端莊靜默相敬如賓習俗競事修麗虞御絺葛不爲時世粧或訝之曰從吾所好也時人稱比梁鴻孟光云

錄曰孟光之舉案爲夫屈也晷妻之佐食爲親屈也爲夫者達乎禮爲親者出乎誠則謂虞之優於孟也亦宜

鄭袤妻曹氏魯國薛人也袤先娶孫氏曹當繼室事舅姑以至叔妹羣娣間咸盡禮節及袤爲司空其子默等又顯曹氏深懼盛滿每升進輒憂形於色平居食無重味服浣濯之衣所獲祿秩必班散姻親務令周給初孫氏葬于黎陽及袤薨議者謂久喪難舉欲不合葬曹曰孫元配理當從葬不可使孤魂無依於

是備吉凶導從之儀迎之具衣衾几筵親執鴈行之禮聞者莫不嘆息以爲趙姬之下叔隗不足稱也

錄曰婦之性也傲凡失禮於前妻者傲故也婦之性也忌凡不顧其前子者忌故也惟傲與忌而休戚遂若路人若曹氏方懼其子之盛滿安得有是行哉

綱目貞觀十一年以南平公主嫁王敬直敬直珪之子也先是公主下嫁皆不以婦禮事舅姑珪曰主上欽明動循禮法吾受公主謁見豈爲身榮所以成國家之美爾與其妻就席坐令公主執笄行盥饋禮自後公主始行婦禮

錄曰珪嘗爲魏王泰師矣帝曰事珪如事我泰可拜公主獨

可挾乎珪不能正泰之失而能成公主之美異乎房杜之壹
則矣
按唐時帝女可稱者多如憲宗女岐陽漢陽宣宗女廣德
皆動循禮法事舅姑相夫子克遵婦道可盇高陽太平諸
主之愆由其時選擇尙主必先門閥貴名德是以猶有好
合之風不比漢制專取尊貴爲也漢武姊平陽公主寡而
擇夫旣自嫌衛青舊爲吾家馬前奴而竟以廷臣尊貴無
如大將軍者卒嫁之帝亦不爲動念青且漫無一辭該此
時有兩公主又安得兩大將軍而並配之邪漢俗之薄不
逮唐時遠矣然武帝於館陶所幸董偃稱爲主人翁於方

士欒大亦以女配之其壻青又曷足怪哉
德宗建中六年始定公主見舅姑禮先是主下嫁舅姑拜之婦不答上命禮官定公主拜見舅姑之儀舅姑坐受于中堂諸父兄弟立受于東序如家人禮
錄曰自南平下嫁後公主已異前代之法然其意久而復失矧世俗承襲未易遽改今始定儀可謂善矣唐室世席女寵太平安樂紛紛覆轍至是多不以時嫁有華髮者則雖欲不執禮何可得哉抑德宗始卻有司曰爾愛其費我愛其禮及唐安之逝又罪公輔以其費甚微過朕求名何先後之不倫也豈其定禮之時國家多故造墖之日侈心復萌乎好禮不

終良有以耳

按夫婦三綱之一非可因貴而亢以賤而卑故何彼穠矣以肅雝爲王姬之美嬪于潙汭以二女觀刑于之化教始壼闈豈容倒置自漢制公主別立邸第令列侯就第奉事故名曰尚不得謁見舅姑通問而已則直以君臣之分臨之陰始乘陽男爲女屈舛謬甚矣王珪因時起義至德宗始定其禮然後人知尚主之榮衆著綱常之分不然重勢位蔑禮法一締昏王家而父母兄弟咸屈節焉不幾乞憐于室而驕人于市乎劉宋太宗疾諸妹驕妬僞令江斆作讓昏表以示宮中大畧極詆當時公主制勒其夫甚於僕

隸令掃轍息駕㕓筵抽席交友離異兄弟疎濶第令受酒
肉之賜制以動靜監子荷錢帛之私節其言笑姆妳爭媢
以嚴尼媪相諂以急乃至殘餘飲食詰辯與誰衣裓故㡚
必責頭領或進不獲前或入不聽出召必以三晡爲期遣
必以日出爲度夕不見晚魄朝不識曙星夜步月而弄琴
晝拱袂而披卷一生之内與此長乖左右整𠛎以疑寵見
嫌賓客未冠以少容致斥諸主集聚唯論夫族緩不足爲
急者法急則可爲緩者師發口所言有甚王憲傷理害義
難以具聞是以尚主之門往往絶嗣駙馬一身通離釁咎
伏願特賜蠲停使燕雀微羣得保叢蔚若披請不中便當

刊膚剪髮投山竄海觀此則德宗茲舉所全不細可以中主畧而不錄哉然宣宗時猶曰我怪士大夫不欲與吾家爲昏姻是則此風尚有未盡易者甚矣勢分之可畏而習俗之難返也

宋史哲宗孟皇后洺州防禦使元之孫閤門祗候在之女元祐七年宣仁太后諭宰執曰孟氏子年十六教以女儀能執婦禮宜正位中宮又以近世禮儀簡畧詔禮官議冊后六禮以進至是命尚書左僕射呂大防充奉迎使左丞蘇頌充發策使右丞蘇轍充告期使皇伯祖判大宗正事高密郡王宗晟充納成使吏部尚書王存充納吉使翰林學士梁燾充納采問名使俱攝

太尉帝親御文德殿册爲皇后太后復語帝曰得賢內助非細事也進后父爲崇儀使榮州刺史母王氏華原郡君

錄曰此有宋一代典禮獨冠百王超邁唐漢以淑女之好逑爲朝廷之正嫡且上有至仁之國母主之下命衆大臣相之肆今六禮之行何其鄭重邪曾未踰時一介小臣得以讒間至章惇主討於前郝隨釀禍於後帝雖知其壞德行而猶惑之豈眞前日之重內助今日之祟外姦每與后相反邪君子觀其始之備禮寧料其中之寡恩中之寡恩又安知末之免禍乎哉成敗眞不可以論人也

荊國大長公主幼不好弄太宗嘗發寶藏令諸女擇取之欲以

觀其志主獨無所取眞宗即位下嫁駙馬都尉李遵勗舊制選尙者降其父爲兄弟行時遵勗父繼昌以恙主因繼昌生日以舅禮謁之帝聞密出縑衣寶帶器幣助其爲壽遵勗每燕賓客主必親視饔膳及遵勗出守許州暴得疾主亟欲馳視之不待報而往從者裁五六人帝聞遽命内侍督諸縣邏兵以衞後居夫喪衰服未嘗去身服除不御華麗嘗燕禁中帝親爲簪花辭曰自誓不復爲此久矣

錄曰按宋朝家法仁宗以姪事姑主獨不能以婦事舅乎然則荆國之守禮帝固有以先之也以舅姑降爲兄弟行者三代以上未之前聞惟顧人所行何如耳

伊川集二程先公珦母夫人侯氏事舅姑孝謹公賴其內助禮敬尤至而夫人謙順自牧雖小事未嘗專制撫愛諸庶不異己出從叔幼姑存視常均治家不嚴而整不喜笞扑凡公有所怒必爲之解惟諸子有過則不掩曰子之所以不肖由母蔽其過而不知也子纔數歲行而或跲未嘗不呵責曰汝若安徐而行寧至跲乎飲食置之坐側常食絮羹即叱止之曰幼求稱欲長當何如與人爭雖直不右曰患其不能屈不患其不能伸故二程平生於飲食衣服無所擇不能惡言詈人教使然也夫人雅好文而不爲辭章見有以文章筆札傳於人者則深以爲非

錄曰伊川傳家人曰人之處家在骨肉父子之間大率以情

勝禮以恩奪義惟能不以私愛失其正理故家人之卦大要以威如爲吉又歸妹九二守其幽貞未失常正之道世人以媟狎爲常故以貞靜爲變斯言皆爲夫人設也故由前而觀則哲婦賢母之令著由後而觀則壼範女則之懿彰此有關於世道不可以不錄者也

按嚴父慈母名雖專屬義實相兼葢父母於子本同一愛乃愛之心同而愛之事異則以婦人性常偏護不特於少子獨子爲然也夫父職外事或不暇伺察其子之過而爲之母者煦嫗衣食宛轉膝前靜中閒日纖悉周知惟姑息之念難抑唯恐父加過督不憚委曲掩葢詩書之子聰明

自謂本工文飾自師友賓客以逮僕從亦旣諛言日至莫敢指斥其疵而又有中閫爲之主則其所底寧有極哉古來賢母如仉氏斷機敬姜訓勞休屠王閼氏之勤循法度宣文君宋氏之明習周禮子旣成名母亦不朽故母道必濟以嚴有過必告則子或知所警惕一發言一舉足皆若有嚴師之夏楚臨之於前而涵養習熟漸進賢哲不難矣二程得爲大儒雖天資本優亦洵非無所自云

名臣錄辛次膺清修介特不邇聲色與夫人雖燕適容必莊坐必正語必誠慕晁友元司馬文正爲人以禮自防善别嫌疑僕妾以下不冠不見鄱陽守程邁遺果實白金卻之崎嶇亂離貧

不自聊一豆羹不妄受上面諭卿廉聲著聞皆言閩中不受俸祿文膺奏臣爲貧而仕豈有辭祿之理但不當受者不敢受耳太上曰使人人如卿何患不太平邪

錄曰文官不愛錢武官不惜死天下太平矣此語岳飛嘗言太上亦既知之特不能用若乃簡穆之起本自書生其動必以禮淸操介立特其規範然耳未便以爲多也

弘道錄卷之十三終

弢遊錄

卷之十三

詞

弘道錄卷之十四

明刑部員外郎仁和邵經邦弘齋學

皇清詹事府少詹事四世孫遠平補案

昆弟之禮

孟子徐行後長者謂之弟疾行先長者謂之不弟夫徐行者豈人所不能哉所不爲也堯舜之道孝弟而巳矣

錄曰夫弟者第也出於天而自然有次序是故父之齒隨行兄之齒鴈行一定而可紊乎彼有疾棄其長者或以權或以寵或以利大而有國之君小而有家之子一踰其分未有不敗亡者孟子以不能不爲發之與長者折枝同意皆所以開

人心自然之天拯後世蔑禮之弊也

詩小雅常棣之華鄂不韡韡凡今之人莫如兄弟死喪之威兄弟孔懷原隰裒矣兄弟求矣脊令在原兄弟急難每有良朋況也永嘆兄弟鬩于牆外禦其侮每有良朋烝也無戎喪亂既平既安且寧雖有兄弟不如友生儐爾籩豆飲酒之飫兄弟既具和樂且孺妻子好合如鼓瑟琴兄弟既翕和樂且湛宜爾室家樂爾妻帑是究是圖亶其然乎

錄曰鹿鳴四牡皇華之後而繼以常棣者以周召王室之所仰人心之所賴也聖人不以變廢常不以義勝恩不以一時之所遇而易萬世之所重其公而愛之心皎然青天白日不

可掩也脩然雨露霜雪無非教也是故和樂且孺者父母且不可間矧他人乎和樂且湛者妻孥尚不可先矧外物乎所以雖遭流言之變管蔡之辜曾不若後世遂廢懿親之重不信兄弟之親者也今去周公之世數千百年爲之歌常棣莫不因心發見孰謂當其肆筵授几有不感動者哉盖不待垂涕而越人巳無不化矣

有頍者弁實維伊何爾酒既旨爾殽既嘉豈伊異人兄弟匪他蔦與女蘿施于松栢未見君子憂心奕奕既見君子庶幾説懌

有頍者弁實彼何期爾酒既旨爾殽既時豈伊異人兄弟具來蔦與女蘿施于松上未見君子憂心怲怲既見君子庶幾有臧

有頍者弁實維在首爾酒既旨爾殽既阜豈伊異人兄弟甥舅如彼雨雪先集維霰死喪無日無幾相見樂酒今夕君子維宴

錄曰愚觀此詩一篇之中而三緯具備眞足感人無窮也夫鶺鴒小物也而飛鳴行搖曾是親切而有味乎蔦蘿小草也而纒綿依附曾是固結而可解乎盖由聖人因心體物遇兄弟之急難則不暇束髮彼有秦越相視者則鶺鴒乎何有於兄弟之相依則心誠求之彼有教猱升木者則蔦蘿又可比哉此學詩之大義爲禮之大本不可不察也

大雅敦彼行葦牛羊勿踐履方苞方體維葉泥泥戚戚兄弟莫遠具爾或肆之筵或授之几肆筵設席授几有緝御或獻或酢

洗爵奠斝醓醢以薦或燔或炙嘉殽脾臄或歌或咢敦弓既堅
四鍭既鈞舍矢既均序賓以賢敦弓既句既挾四鍭四鍭如樹
序賓以不侮曾孫維主酒醴維醹酌以大斗以祈黃耇黃耇台
背以引以翼壽考維祺以介景福

餘曰此祭畢而燕父兄耆老者其知禮之至乎夫禮不妄說人不辭費不踰節不侵侮不好狎周家世德忠厚內親九族外事黃耇皆由於自然不事勉强豈妄說人乎筵几雖陳不爲過設侍御雖多不爲過勞飲食雖盛不爲過腆豈辭費乎獻酬而後禮交禮交而後樂備樂備而後射以觀德豈踰節乎揖讓而升下而飲以賢而序賓以爭而君子豈侵侮乎養

耇老以相引翼介景福而饗壽祺邦家有光君臣胥慶豈好狎乎有此數者故曰知禮之至也

旣醉以酒旣飽以德君子萬年介爾景福旣醉以酒爾殽旣將君子萬年介爾昭明昭明有融高朗令終令終有俶公尸嘉告其告維何籩豆靜嘉朋友攸攝攝以威儀威儀孔時君子有孝子孝子不匱永錫爾類其類維何室家之壼君子萬年永錫祚胤其胤維何天被爾祿君子萬年景命有僕其僕維何釐爾女士釐爾女士從以孫子

錄曰鳧鷖旣醉至今頌太平者必以首稱何也曲禮曰道德仁義非禮不成道之所包者廣故曰昭明有融德之所具者

身故曰威儀錫類仁之所聚者順故曰景命天祿義之所和者利故曰祚亂孫子是數者人情之至願君德之至純然必和氣周旋而人心歡悅故其咎行葦必首曰醉酒飽德可以見王者之高致父兄之盛節萬世之下固不能外此以爲頌禱也嗚呼至是而周家八百年之基固矣

鳧鷖在涇公尸來燕來寧爾酒既淸爾殽既馨公尸燕飲福祿來成鳧鷖在沙公尸來燕來宜爾酒既多爾殽既嘉公尸燕飲福祿來爲鳧鷖在渚公尸來燕來處爾酒既湑爾殽伊脯公尸燕飲福祿來下鳧鷖在潨公尸來燕來宗既燕于宗福祿攸降公尸燕飲福祿來崇鳧鷖在亹公尸來止熏熏旨酒欣欣燔炙

芬芬公尸燕飲無有後艱

錄曰鄭氏疏云謂之公尸者天子以卿言諸侯也諸侯有功德者入為天子卿祭則為尸故云公尸然則非周召畢榮之徒不能任也此時上有守成之君下有弼直之臣以巳則齊明盛服以入則肅雝秉德以儀則至治馨香以物則玉帛交錯公尸安則神明無不安公尸宜則神明無不宜是以洋洋然而愛樂熏熏然而和悅皆太平之效至治之休也不然酒清殽馨夫誰不有而何獨稱鳧鷖旣醉乎

假樂君子顯顯令德宜民宜人受祿于天保佑命之自天申之干祿百福子孫千億穆穆皇皇宜君宜王不愆不忘率由舊章

威儀抑抑德音秩秩無怨無惡率由羣匹受福無疆四方之綱之綱之紀燕及朋友百辟卿士媚于天子不解于位民之攸塈

錄曰東萊呂氏言君燕其臣臣媚其君此上下交而爲泰也泰之時所憂者怠荒而已此詩所以終於不解于位民之攸塈也愚謂泰之時所憂者不但怠荒已也其所最憂者作聰明而亂舊章以辯言而亂舊政咈其耇長而任新進棄其芻蕘而召寵利皆足爲顯顯令德之累秩秩德音之蠹也是詩一則曰不愆不忘率由舊章二則曰無怨無惡率由羣匹夫能由舊章則有典則之可依成憲之可度由羣匹則有老成之可任耇德之可憑如是而民人不宜天祿不永紀綱不垂

於當時令名不傳於後代吾未之信也公尸答鳧鷖而爲此言信非周召畢榮之徒而能若是哉

按上數章皆燕兄弟之樂歌似盛舉其酒食之豐旨以爲誇美是豈但以酒食重哉夫兄弟之情以同其好惡爲尚若徒徵逐酒食雖在朋友風斯爲下然禮始諸飲食人常聚首則意浹洽而情得通非有物以盡其歡又何能伸其心之欵曲乎考禮大傳有合族以食之文凡世祿之家以服世遞降一等如齊衰一年四會食大功三之小功再之緦麻則一年一舉若族繁居散或不得以時赴則當其來時特爲一會合近居五服之族聚於一筵辨昭穆致親客

皆所以審源流而遡舊德不使一本之誼淪於行路也今諷諸詩至情天性有藹然餘於樽斝之外者固知不徒以酒食爲重而亦非酒無以合歡也

春秋文公二年八月丁卯有事于太廟躋僖公

錄曰愚觀春秋之世其悖亂僭差各有所自其始也莊公可禘則哀姜亦可致也哀姜可致則僖公亦可躋也是以古先聖王愼而重之防於其始蓋失禮之初其心亦有所不安迨其一試遂成已事則或援古以自文或因前而愈侈將循爲固然不復覺其爲非矣後世僭竊之事大都積漸所致原其始意寧敢遽出於此哉

按國語云工史書世謂書世代之次第若今之宗圖以子繼父以姪繼叔伯倫序一定不可越也又云宗祝書昭穆則以廟之次序言之閔公爲弟而立在先僖公本兄而立在後則以入廟之先後爲序祖禰一定亦不可越也故周懿王姪也孝王叔也以孝而嗣懿則姪先而叔繼乎王祖也桓王孫也以桓而嗣平則平舍其子而桓闕其父廟之昭穆不以名稱而有闕入有退遜也故世次通於上下而廟次則惟君國所有天子當陽伯父叔父皆退就臣列稽首惟命疇敢以家庭私誼相抗乎今僖實臣閔後乃嗣閔閔先入廟僖以之爲禰而奉祭之且三十三年可一旦躋

而越之邪宗有司曰子雖齊聖不先父食公羊曰其逆祀奈何先禰而後祖也則宗有司明明以僖爲子閔爲父公羊明明以僖爲文之禰閔爲文之祖矣以久安之昭穆驟易其主而先後之非非禮而何

左傳晉侯使鞏朔獻齊捷于周王弗見使單襄公辭焉曰蠻戎不式王命淫湎毀常王命伐之則有獻捷王親受而勞之所以懲不敬勸有功也兄弟甥舅侵敗王畧王命伐之告事而已不獻其功所以敬親暱禁淫慝也今叔父克遂有功于齊而不使命卿鎮撫王室所使來撫余一人而鞏伯實來未有職司於王室又奸先王之禮余雖欲於鞏伯其敢廢舊典以忝叔父夫齊

甥舅之國也而大師之後也寧不亦淫從其欲以怒叔父抑豈不可諫誨士莊伯不能對王使委於三吏禮之如侯伯克敵使大夫告慶之禮降於卿一等王以鞏伯宴而私賄之使相告曰非禮也勿籍

錄曰晉侯之使鞏朔鞏朔之爲齊捷獻利也王之使單襄單襄之爲晉侯命義也伐齊貪利故責晉以義王之不見莊伯有由然矣又何以宴而私賄爲哉以爲若孩提焉本欲其正而投之以果核未可知也以爲若戲術焉本與之嬉而加之以顏色亦未可知也是時單襄公在廷王孫滿在位定雖欲如兒戲其如二臣何哉雖然王孫蘇之復難劉康公之徼戎

定之本心亡矣欲不如見戲不可得也

按郤克徵會齊既使大夫來聽命矣是則可以玉帛相見焉知魯衛之怨不從此釋乃以蕭同叔子一笑之忿君爲臣報遂致卷楚之盟不許與來會之大夫皆被執畀郤克政以逞其志則必於典兵構怨而遏其改悔之路者晉也豈惟不諫誨哉然定王之意不獨在此以晉既主夏盟必先尊周懲楚邲戰既已不競圍宋復不能救而鞌之役不過私相摟伐故首言不式王命繼言王命伐之二十五言之中王字八見倘晉能移鞌之戰以勝楚假勝楚之威以尊王則霸業豈不於文有光王室實嘉賴之矣定雖徒擁

虛名猶能正詞折下使霸主不敢違强臣不能辨怙然服義而去苟能卽此充之王命豈復有所壅邪　又按蕭同叔子蕭國名同叔蕭君字子者蕭君女卽齊侯母也公羊註蕭同國名穀梁作蕭同姪子之母穿鑿甚矣

漢書光武以東海王彊廢不以過去就有禮故優以大封兼食魯郡二十九縣賜虎賁旄頭宫殿設鐘虡之懸擬於乘輿彊臨之國數上書讓還東海又因皇太子固辭帝不許深嘉嘆之以彊章宣示公卿初魯恭王好宫室起靈光殿甚壯麗是時猶存故詔彊都魯宫室禮樂事事殊異永平元年王病明帝遣中常侍將太醫視疾又詔沛濟南淮陽王詣魯絡繹不絕及薨上悲

慟從太后出幸津門亭發哀使大司空持節護喪詔楚王英趙王栩北海王興館陶公主及京師親戚四姓夫人小侯皆會葬帝追惟王深執謙儉不欲厚葬以違其意曰王恭儉好禮以德自終遣送之物務從約省以彰王卓爾獨行之志

錄曰損之初九曰已事遄往無咎六五曰或益之十朋之龜弗克違元吉王以冢器當陽帝以次嫡易位猶損賴初之益者也既讓於尊尤能損已而不自以爲功帝復居尊得正追惟王執謙約務從儉損深得虛中善應與唐世稱讓皇帝者不可同日語也此其大善之吉蔑以加矣

肅宗尊禮東平王蒼踰於前代建初七年來朝特賜裝錢千五

百萬以王冒涉寒露遣賜貂裘及大官食物珍果使大鴻臚持節郊迎帝親自循行邸第豫設帷牀器物無不克備下詔曰詩云叔父建爾元子敬之至也昔蕭相國加以不名優忠賢也況兼親尊者乎其沛濟南東平中山四王贊皆不名蒼旣至升殿乃拜天子親答之其後諸王入宫輒以輦迎至省閤乃下蒼以受恩過禮情不自寧上疏辭謝帝益加褒貴及車駕祖送流涕而訣復賜乘輿服御珍寶輿馬錢帛以億萬計

錄曰范曄論曰孔子稱貧而樂富而好禮若東平憲王可謂好禮者也其辭至戚去母后豈欲苟立名行而忘親遺義哉盖眩疑則隙生累近則喪大斯盖明哲之所爲嘆息嗚呼遠

隙以全忠釋累以成孝固憲王之志哉
按肅宗優禮諸王出於至誠東平王蒼以受恩過禮上疏辭謝亦非僞爲謙退也親親之道爲天下國家之大經未有薄於所厚而可以仁民愛物者非直建侯樹屏僅作維城藩翰計也後世人主猜忌疎遠骨肉至有願得速死以全首領爲幸忍心戕理莫此爲甚然藩王亦往往有恃恩驕縱或過望非分以致上不能堪不得已而不保令終說者謂待之踰節適以積漸養成然鄭莊之與京城與漢文之賜几杖其所由來實自不同唯上下交盡其道而已使人主能如肅宗之情文兼備諸王能如東平之遇恩加敬

有不終始善全者乎不然以漢文之賢猶不免尺布斗粟之慽何况宋太宗之於光美德昭諸人也

魏書楊播家世純厚敦義讓昆季相事如父子椿津恭謙旦則聚廳堂終日相對有美味不集不食堂間往往幃幔隔障爲寢息之所時就休偃還共談笑年過六十並登台鼎嘗旦暮参問椿他處醉歸津扶持還室假寢閤前承候安否子姪羅列堦下不命之坐不敢坐每出或日斜不至不敢先飯食則親授匙箸味皆先嘗津守四州椿在京每四時嘉味輒因使附致或未寄不先入口一家之内男女百人緦服同爨庭無間言

錄曰史稱楊播兄弟俱以忠毅謙謹荷内外之任公卿牧守

榮赫累朝恭德慎行爲世師範後魏以來一門而已諸子秀立青紫盈庭積善之慶蓋有憑也及叛逆擅朝淫刑肆毒以斯族而罹斯禍何報施之反哉古之人所以不恃其遺慶而果於遺安者非無意也以播之家世當元魏盛時行義致身奉公結主誰曰不宜至孝文而後君日以冲政日以廢女主擅權賊臣竊柄四海囂然魏已不國矣播於斯時儵然遠覽覺積慶之不足憑而遺危之有可痛並辭台鼎之貴若漢之廣受誰能奪之迨至爾朱氏典扇毒萬類蓋已不可免矣故椿津之禍不獨慘於世隆誣搆之時而大著於元顥入洛之日不獨危於節閔詔下之後而並肇於孝莊侍中之前然則

恭德愼行徒貽楷範之名而席權世寵深爲明哲之戒乎
博陵崔挺三世同居門有禮讓與弟振推讓田宅怡然不釋子孝芬孝暐孝演孝直孝政兄弟友厚孝演孝政先亡芬等哭泣哀慟絶內蔬食容貌損瘠見者傷之暐等奉芬盡恭順之禮坐食進退芬不命則不敢也鷄鳴而起旦參顏色一錢尺帛不入私房吉凶有須聚對分給諸婦亦相親愛有無共之叔振既亡奉叔母李若所生旦夕溫凊出入啟覲家無巨細一以諮決每兄弟出行有獲財物尺寸已上皆內李氏庫四時分賚李自裁之撫從弟宣伯子朗如同氣
錄曰楊播之敦讓然而不有其家者以其世席權寵也崔挺

之慈厚然而卒保其宗者以其世乏津要也故曰可畏不可恃也君子何幸而遇盛世士大夫有禮則風操高亮重於朝野又何忠諒弼直之不足賴哉觀者各適其當而已

隋書王凝常居慄如也子弟非公服不見閨門之內若朝廷然其兄通嘆曰賢哉凝也御家以四教文行忠信正家以四禮冠昏喪祭非禮不動殆終身焉聖人之書必備及車服禮器不假垣屋什物必堅朴曰毋苟費也門巷藂木必方列曰毋苟亂也與人不受遺非其力不食饗食之禮無加物焉曰及禮可矣唐貞觀初太宗精修治具房杜魏王之徒播厥師施文中子之制作將以大行凝嘆曰大哉兄之述乎以言乎皇綱帝道則明矣

以言乎天地之間則無不至焉天下有道聖人推而行之天下無道聖人遯而藏之所謂流之斯爲川塞之斯爲淵升則雲施則雨潛則潤何往而不利焉

錄曰凝之所見其達於通之所擬乎何以知其然也夫龍門顯矣太平十二策之獻未能盡如吾意則不若守禮終身之爲高續經賢矣致治不世出之主未能悉用吾言則不若遯而藏之之爲得此其所以房杜諸門人並尊而不足一長孫太尉尼之而有餘固不若升則雲施則雨潛則潤與無往不利之爲達也

唐史玄宗開元二十九年太尉寧王憲薨上哀惋特甚曰天下

兄之天下也固讓於我爲唐泰伯常名不足以處之謚曰讓皇
帝其子汝陽王璡表述先志固辭不許
錄曰陸贄有言道合天謂之皇德配地謂之帝皆至尊之殊
號千古之極稱不可以虛拘矧可以飾讓乎帝廣因心之愛
禁中拜跪如家人禮此天叙天秩之不可紊由之可也至以
遜位之私情而輕無上之大號受之者皇懼而不安加之者
悖理而自損非所以爲重實所以爲褻豈可爲後世法邪
宋史李東之肅之承之及之皆丞相廸子承之生而孤肅之鞠
育誨導至成人相繼官侍從當遷龍圖直學士懇辭乞以授兄
曰臣少鞠於兄且其爲待制十稔矣帝曰卿兄弟禮愛足厲風

俗肅之亦當遷也卽並命焉及之吏事精明所居官稱職嘗撰
次唐史有益治體者爲君臣龜鑑英宗卽位富弼薦東之學行
帝勞之曰卿通識耆儒方咨訪以輔不逮豈止經術而已兼東
宮侍讀神宗登祚東之卽日請老特賜對延和命坐仍置宴資
善堂令講讀官賦詩勸勞子孝基亦位宮僚以親須養求監崇
福宮凡就閑十年與父同謝事年纔五十士大夫稱美以比漢
廷二疏弟孝達進對神宗問起居狀並嘆爲度越常人

錄曰胡明仲以二疏之去知儲君之不足恃未可以爲然也
至東之父子則誠然矣神宗徇意自好甫臨大政卽納安石
之說恣變亂之謀而通曉國典之君子寧無措意乎哉厥後

孝壽孝偁同一昆季未免爲章惇起獄京卞任權有媿於禮

愛多矣此帝所以嘆其度越常人也

呂大防兄大忠弟大鈞大臨同居相切磋論道考禮一本於古關中言禮者推之嘗爲鄉約曰德業相勸過失相規禮俗相交患難相恤謝良佐教授秦州大忠每過之聽講論語必正襟斂容曰聖人言行在焉不敢不肅大鈞居諫議憂一倣古儀所得爲者而居喪之節鉅細規矩乎禮又推之祭祀冠昏飲酒相見慶弔之事皆不混於習俗大臨通六經尤邃於禮每欲綴集三代遺文舊制令可施行不爲空言以拂世駭俗富弼致政於家好佛氏學大臨與之書曰古者三公內則論道於朝外則主教

於鄉豈以爵位進退體力盛衰爲之變哉今大道未明人趨異學疑聖人爲未盡善輕禮義爲不足學此老成大人惻隱存心之時振起頹俗在公之力若夫移精變氣務求長年此山谷避世獨善其身之所爲豈以望公哉弼深謝之

錄曰中庸曰君子之道造端乎夫婦藍田之社約至今猶在然根本所繫必先家庭其曰德業相勸過失相規立身行己先不薄也而禮俗相交患難相恤可推此心而舉苟於帷薄之間行有所虧則凡鄉閭之內言皆罔信雖欲正五尺之童且猶不得何况堂堂元宰乎抑關中之俗自周以來號爲邃古而横渠之教頗亦有聞吕氏數公殆門牆之巨擘也其於

禮學乎何有
按佛教之來原乘吾道間隙而入先王之世無怨女曠夫鰥寡孤獨廢疾各有所養人亦何苦而離父母捐家室以從緇剃且禮教修明倫常共著鑿井耕田無慕無外人知不善可耻爲善最樂亦不求福田利益而始勸處因果惡報而後戒也自井田廢壞詩書燔燒食客四與游惰無罰舉凡教養仁政蕩焉無復一存漢以雜霸承之惠帝四年始除挾書之律後雖有諸儒稍稍起而講求終不能大闡其法施之於事於是有無田可耕之農無貲經營無術謀生之子則不得不爲乞士之行有無功而安享富貴力善

而妄被刑戮則不得不委託於宿世之造正如芥必爲珀吸鍼必爲磁引胥天下之人無不溺於其説勢之自然者也然其初來不過一主清靜爲無爲可以久視之論獨善其身與吾儒判然本不相礙其後曲揣人心積漸增變於是冥頑不逞之徒借此惑世綱利倡爲延生禳災祈嗣邀福求科名遷祿位於俗情欲惡趨避之端無微不入有能不炫其説而出乎其外者哉明道先生至禪寺見僧方飯趨進揖遜其儀甚美歎曰三代之禮盡在是矣夫至明道先生猶然歎其科儀之肅則自古名臣傑士雖極天下之聰明才智大約皆不免酷嗜其教轉相崇奉者富鄭公好

之又何足異乎尤可慨者釋氏經典諷誦庋藏極其莊嚴而吾儒於六經縱橫塵垢畧無護惜且先聖祠宇尊經高閣每郡縣止一所而破缺頹敗觀望推諉寧布金佛舍而不肯破一文於黌宮比比而是此皆吾儒自壞之於彼何尤焉且夫神者人也必秉人之靈爽而始神也彼佛亦然生而之死如寤而之夢夢時所見必其晝所常言而注想者幽冥四獄世既習聞而信其事則蕉鹿芻狗烏知不可結而成境輪廻之說即如牛哀化虎林甫變牛之類蓋心乎人則仍爲人心乎獸則入於獸譬之草木焉巨者不能使之細仆者不能使之植也譬之流水焉清者不能强之

汚下者不能强之上也其所以勵善坊惡於末世人心殊有裨益第惡其以日用爲糠粃天倫爲塵緣禮法爲土苴惑世滋大不可爲訓爾夫在上者苟能正本清源使人人回心而嚮道則如日中天險教自然衰息若不修舉先王仁政而徒以口舌爭卽有和叔百輩烏能家喻戶曉於以回積錮而振頹俗哉

弘道錄卷之十四終

弘道錄卷之十五

明刑部員外郎仁和邵經邦弘齋學
皇清詹事府少詹事四世孫遠平補案

朋友之禮

孟子舜尚見帝帝館甥於貳室亦饗舜迭爲賓主是天子而友匹夫也

錄曰天地之氣起於子交會於午帝王之運出乎震相見乎離堯之典也以火德得天地之中數舜之典也以土德得天地之中氣是迺天數五地數五五位相得而各有合安在其論匹夫天子哉葢雖同德齊聖實天運氣數使然後世安敢

希其萬一邪

伯夷辟紂居北海之濱聞文王作興曰盍歸乎來吾聞西伯善養老者太公辟紂居東海之濱聞文王作興曰盍歸乎來吾聞西伯善養老者天下有善養老則仁人以爲已歸矣

錄曰按禮凡養老有虞氏以燕禮夏后氏以饗禮殷人以食禮周人脩而兼用之五十養於鄉六十養於國七十養於學達於諸侯於是二老皤然來歸而文王之化已不啻駸然興矣及武王伐紂而二老致用判然不同何也孔子曰君子或出或處或默或語二人同心其利斷金是故鷹揚之發援之以道也采薇之食存之以義也蓋太公以天下爲已任伯夷

以君臣爲已責然皆有以合乎天理之正而卽乎人心之安
二老跡雖逈異實則同歸何必岐二視之哉
按二老避居乃孟子以其後歸周而先言避紂耳其實太
公原係東海上人伯夷孤竹君世子國在今永平府卽北
海人也但傳言太公屠牛朝歌賣漿棘津垂釣磻溪朝歌
紂都今大名府濬縣有朝歌城淇水經其旁磻溪在汲縣
古總屬衞地而棘津亦在今眞定府棗强與大名近或太
公先居紂都後避地東海故博物記注琅邪海曲縣呂望
所出今有東呂鄉漢崔瑗晉盧無忌立齊太公碑又以爲
汲縣人也至伯夷遜國自當遠去未必逗遛近郊及其老

而歸周卭馬之後乃隱首陽史記正義謂首陽山凡五所

而水經注云河北縣雷首山則在今蒲州十三州志云平

縣故城有首陽山則在今偃師縣要之終身不返舊國若

仍居北海中弟能無因心之愛哉

禮記周武王踐祚三日召師尚父而問焉曰黃帝顓頊之道存

乎師尚父曰在丹書王欲聞之則必先齋矣王齋三日端冕師

尚父亦端冕奉書而入王東面而立師尚父西面道書之言曰

敬勝怠者吉怠勝敬者滅義勝欲者從欲勝義者凶

錄曰武王旣尊太公爲師又號尚父事之可謂至矣而其禮

王東面尚父西面宛然師友之義不獨堯舜爲然也敬者聖

學始終之要也敬勝怠則夙夜祇懼罔敢不弛故吉也怠者慢易放肆之萌也怠勝敬則狎侮五行厭棄三正故滅也義者裁度制事之本也義勝欲則不役耳目百度惟貞故從也欲者人心危殆之端也欲勝義則沉湎冒色恣行無度故凶也此三皇五帝傳之乎上古載之乎丹書而止曰黃帝顓頊者乃錯舉以見義宜其端冕致齋而後得聞也

詩小雅伐木丁丁鳥鳴嚶嚶出自幽谷遷于喬木嚶其鳴矣求其友聲相彼鳥矣猶求友聲矧伊人矣不求友生神之聽之終和且平

錄曰詩云鳥鳴嚶嚶而又曰出自幽谷遷于喬木可見非困

窮之此寂寞之辭猶之曰鳳凰鳴矣于彼高岡皆所以取喻
朝廷之上者也然又安得而神聽之哉古人動必稱神明以
見無人已私意於其間若所謂昊天曰明及爾出王昊天曰
旦及爾游衍而此君子者仁義以爲儷道德以爲隣心志之
相許建諸天地也同心協力以康王室夙夜匪懈以事一人
肝膽之相照質諸鬼神也一言以出天下同其利一行以立
萬民共其休而至和之澤傳於無窮太平之基垂於永久此
朋友之論關乎世道最切豈但爾汝之間聲諾相聞已邪
伐木許許釃酒有藇旣有肥羜以速諸父寧適不來微我弗顧
於粲灑埽陳饋八簋旣有肥牡以速諸舅寧適不來微我有咎

伐木于阪釃酒有衍籩豆有踐兄弟無遠民之失德乾餱以愆
有酒湑我無酒酤我坎坎鼓我蹲蹲舞我迨我暇矣飲此湑矣
錄曰夫子言所求乎朋友先施之未能也古人敦篤之行每
如此安有人之不我顧者哉故又曰有酒湑我無酒酤我極
盡在我無遺而已矣
吉甫燕喜旣多受祉來歸自鎬我行永久飲御諸友炰鼈膾鯉
侯誰在矣張仲孝友
錄曰吉甫尊爲元帥親爲世臣且懋建北伐之功當必有奇
謀秘計之士入則叅謀出則副乘此將相之事也乃獨歸之
張仲何哉蓋孝友者六行之首八刑之先國之命官以此保

民家之立法以此艾後故君子之有政卽張仲之令猷而吉甫之交驩乃詩人之樂道嗚呼以飮御而進賢則無驕恣放縱之意以炰鼈而爲禮安在窮奢極欲之非一蒸而三美併焉謂之多祉不亦宜乎

賓之初筵左右秩秩籩豆有楚殽核維旅酒既和旨飮酒孔偕鍾鼓既設舉醻逸逸大侯既抗弓矢斯張射夫既同獻爾發功發彼有的以祈爾爵賓之初筵溫溫其恭其未醉止威儀反反曰既醉止威儀幡幡舍其坐遷屢舞僊僊其未醉止威儀抑抑曰既醉止威儀怭怭是曰既醉不知其秩賓既醉止載號載呶亂我籩豆屢舞僛僛是曰既醉不知其郵側弁之俄屢舞傞傞

既醉而出並受其福醉而不出是謂伐德飲酒孔嘉維其令儀
凡此飲酒或醉或否既立之監或佐之史彼醉不臧不醉反恥
式勿從謂無俾太怠匪言勿言匪由勿語由醉之言俾出童羖
三爵不識矧敢多又

錄曰序以此爲飲酒悔過而作以愚觀衛武公史之所載與詩之所陳截然不同豈其既失而後改者與君子曰秦之穆公聖人所深許也然則歌賓筵之詩而不知自反者眞斯人之不若矣

按此詩既云武公悔過而作則宜列之衛風與淇澳相次而乃入於小雅雖曰體製本殊然亦未必非無意也序謂

幽王沉湎於酒公故不敢斥言乃以微文諷諫自警爲託
昔人推楚茨大田瞻洛裳華諸詩皆以爲傷今思古之什
自非無本抑戒一篇並可類識矣夫酒以合歡禮也今人
延客飲蠲吉書刺稱名肅拜屆期復以刺速客其未至則
又使人邀諸塗旣至揖讓升階已而就席序少長別尊卑
謙謹備至莊莊乎君子也無何酒未數廵監史交訌少年
馳驟之徒出其豪興雜沓喧呼而搢紳先生遠慕嵇阮任
誕反相效尤以爲不如是不足以作達甚至遺冠墜舄踉
蹌而出有不止如詩之所云僊僊怭怭者則以敬始而以
褻終之賓主交失此何禮哉且夫沉湎之弊十愆百悔固

非一端武王誥誡沬土諄諄反復特爲一篇此在有國者
猶以爲禍釀而况其下焉者乎武公是詩其深有繹於八
誥之旨聖人所以列之於雅與

論語子曰晏平仲善與人交久而敬之

錄曰愚聞諸張子曰晏嬰智矣而不知仲尼然而反稱其善
何邪葢夫子之交也道義而已矣故惟主敬而能久後世之
交也勢利而已矣故一於趨附以求知然則夫子豈肯以不
知我而掩其善邪

按敬者肆之反自恃親密而禮貌粗疎言語直戇則人將
疑惡而遠之矣然敬本嚴肅之義若徒欵曲狎昵託爲肺

腑之交拂鬚效嚏卑賤不辭始雖見爲可親後未有不鄙而棄之故合者離之漸密者疎之招人之相凌必起於相狎所以上交期不諂下交期不瀆同儕則同寅協恭皆必以敬爲主主之以敬則可常可暫愼終如始有何不可久邪晏子當日無論季札叔向氣誼相投卽崔慶之暴能加君父而不敢施於民望者惟敬以格之此道得也夫子表而出之直爲萬世交友法豈獨美晏子哉若夫脫驂石父此其一節自非相臣之體想齊時元有贖刑故雖非其罪而不爲之白爾史遷作傳願爲執鞭詎志出御妻下特激於漢法腐刑可贖而悠悠舉世無一人能爲晏子者故云

然也數百載下猶繫人思況躬挹其風者乎
蘧伯玉使人於孔子孔子與之坐而問焉曰夫子何爲對曰夫子欲寡其過而未能也使者出孔子曰使乎使乎
錄曰按夫子之友衛有伯玉齊有晏嬰鄭有子產皆得位得國者也其使人於孔子不曰通交際達命令乃惟以寡過爲言可見古人道義切磋雖一介之使未嘗以富貴利達動其心而伯玉之篤行慎德垂老不倦人不間於其使者之言矣
孟子曰不挾長不挾貴不挾兄弟而友友也者友其德也不可以有挾也
錄曰一貴一賤交情乃見此資其勢者也一富一貧乃見交

情此利其有者也故曰權交者不久貨交者不親夫是而可
謂之友乎此義不明而後富者日驕貧者日諂勢利益盛道
義益微孟子發爲是論所以立輔仁之範闢諛佞之門也
按達者而友貧士如李膺於郭林宗陳蕃於徐孺子韓愈
於孟東野歐陽修於梅聖俞李及於林君復馬祖常於陳
衆仲但以道誼相高不爲名位所束形骸物外彼我兩忘
此不爲屈尊彼不爲傲物並無有富貴之念在其意中也
後世賓主經過專序官資崇庳崇者囂囂卑者唯唯沿至
逢掖亦將以勢分臨之而且士風日下乃以得見爲榮得
近爲幸卑躬屈節徒爲容接者所厭薄而不自知且曰不

待其招而往宜其見輕則退之三及宰相之門明復汲汲

文正之譏豈皆不得爲賢士乎而豈其然乎

晉平公之於亥唐也入云則入坐云則坐食云則食雖疏食菜羮未嘗不飽蓋不敢不飽也

錄曰晉平之爲君也錮欒盈囚叔向耽淫蠱之疾作虒祁之宮蔑以喪志無能爲者然當周道衰伐木廢而公尚能崇彼抑此即其容貌恭遜之間進退疾徐之際周旋執禮儼然猶存君子亦不以人廢之也

史記燕昭王即位卑身厚幣以招賢者謂郭隗曰齊因孤之國亂而襲破燕孤極知燕小力少不足以報然誠得賢士與共國

以雪先王之恥孤之願也先生視可者得身事之乎隗曰古之君有以千金使涓人求千里馬者馬已死買其骨五百金而返君大怒涓人曰馬死且買之況生者乎馬今至矣不期年千里之馬至者三今王必欲致士先從隗始況賢於隗者哉昭王乃爲隗改築宮而師事之由是士爭趨燕樂毅自魏往劇辛自趙往昭王以樂毅爲亞卿任以國政

錄曰太史公謂讀孟子書至梁惠王問何以利吾國未嘗不廢書而嘆也曰嗟乎夫子罕言利嘗防其源也自天子至於庶人好利之弊何以異哉彼涓人馬骨之說不過以利動之耳是時仁義之禍棘矣利欲之害熾矣燕昭樂毅權招術致

誠意罔聞其君臣之不終端可見矣葢其始也出乎彼入乎此故其終也出乎爾反乎爾此豈一隗一辛所能知乎嗚呼後世尚有自比之者其所見何小哉

按自古用賢必有實心若徒優詔褒答崇飾虛文而言不見聽計不見從名雖爲用其實棄之商書惟后非賢不乂惟賢非后不食人君欲治天下而埀榮名必以好賢下士爲首務然漢武蒲輪迎申公而舍諸魯邸方正舉仲舒而置諸江都甚有知其忠而不能用用其言而旋更之總無實心耳唐張嘉貞謂明皇曰昔馬周起徒步血氣方壯太宗用之能盡其才甫五十而歿向使用少晚則無及已若

不以臣爲不肖必用之要及其時從來有志之士遭會明良眞千載一遇乃因循進退不得及用其鋒徒作事後之追思而有生不同時之感亦何及也是以任賢勿貳進人無疑察之於前委之於繼毋徒葺檻旌直惜褫違諫毋至伐遼無功而憶魏徵幸蜀返駕而祭九齡未得若饑渴已得若魚水專其任盡其長如秦苻堅於王猛漢昭烈於孔明乃實用之爾

通鑑魏文侯以卜子夏田子方爲師每過段干木之廬必式四方賢士多歸之

錄曰古之王者尚必有師子夏聖門高弟未足爲辱若田子

方叚干木則吾不知也雖然以一僭竊之後而能知此亦足多矣再傳至瑩厚幣招賢而孟軻亦至區區梁國之小而能致大賢之再駕爲國者可不以禮乎借其矯名干寵富貴驕人有禮賢之名而無用賢之實無惑乎終於僭竊而已

漢書陳涉之王也魯諸儒持孔氏禮器往歸之孔甲遂爲涉博士卒與俱死夫涉起匹夫敺讁戍以立號不滿歲而亡然而搢紳先生往焉何也以秦禁其業積怨發憤於陳王也漢高皇誅項籍引兵圍魯魯中諸儒尚講誦習禮弦歌之音不絕豈非聖人之遺化哉至孝武時公孫弘起徒步數年位宰相封侯於是卽丞相府起賓館開東閣以延賢人其後李蔡嚴青翟趙周石

慶公孫賀劉屈氂繼之自蔡至慶丞相府客館丘墟而已賀與屈氂壞以爲馬廐奴婢室焉

錄曰吾儒於天地間大之則繼往聖開來學次之亦崇教化興太平此禮不可一日廢也區區陳涉尚能知之惜大漢之興不能崇重致使賈董之徒不獲張施其間徒使公孫弘掠美於後史故歷數之不勝興慨其有關於世道者深矣

漢初有東園公綺里季夏黃公甪里先生此四人者當秦之世避入商雒深山高祖聞而召之不至後惠帝爲太子卑辭束帛致禮安車迎致之既至從太子見高祖客而敬焉其後谷口有鄭子眞蜀有嚴君平皆修身自保成帝時以禮聘子眞不詘而

終君平卜筮于成都市以爲卜筮賤業而可以惠衆有邪惡非正之問則依蓍龜爲言利害因勢導之以善從吾言者過半矣楊雄少從遊學數爲在位顯者稱道其德適杜陵李彊爲益州牧喜曰吾眞得嚴君平矣雄曰君備禮以待之彼人可見而不可得詘也及至蜀致禮與相見嘆曰楊子雲誠知人

錄曰漢承秦後始以焚書坑儒終以輕士謾罵幾於無士無友矣有太子者出一卑詞求之而峨冠博帶彬彬都雅復見漢廷可見友道之不終絕與厥後子眞君平流風餘韻被於當時古不云乎道隆則從而隆道汚則從而汚其諸若人之謂與

按高帝欲易儲嗣亦爲社稷大計不得以溺於牀第一語蔽之葢孝惠仁柔當呂后肆虐便束手無他不有平勃漢卽未亡寧不至大擾亂邪如意類我必有不同但如意與呂勢不兩存世無立子而殺母如漢武元魏之理帝故再四躊躕亦知不可及用周昌爲趙相此時國本已斷然不搖矣留侯納約自牖一招致四老拱立靑宮之前頓使戚姬失恃相對飲泣卒之趙王酖人彘支解而向之所謂四皓者杳然不知其安在故論者謂子房所召特其贗者然當秦坑儒之後以故新城三老曾兩生並韜名深晦一旦乘時偶出獨往獨來惟我屈伸未始不可子房招之亦未

必非眞爾論者又謂太子未奉君命何敢私致賓客又云旣在東宫帝豈不知則因漢時猶襲戰國四豪餘氣陳豨尚致賓客千餘何况太子太子與君兩宫間隔豈能詗察其詳唐太宗除建成明皇靖韋亂如此大事皆事後始知深宫廣厦自難洞見隔垣也善乎胡氏之論曰子房不隨人而强聒不後事而失機當其可故成功易而樹績偉深得春秋嘉許首止之義豈不過於諸臣之强諫者哉

曹參爲齊相時天下初定悼惠王富於春秋參盡召諸長老先生問所以安集百姓者膠西有蓋公使人厚幣請之旣見爲言治道貴清淨而民自定因推此類而具言之參於是避正堂舍

蓋公焉盡用其術故相齊九年齊國安集稱賢相

錄曰參欲安集百姓而召問諸長老先生不但相齊以相天下可也此以見漢代名臣尚然能自得師不皆好臣其所教豈不賢於後世哉

衛青爲大將軍諸侯皆屬焉尊寵於羣臣無二公卿以下皆卑奉之獨汲黯與亢禮人或說黯曰大將軍尊重君不可以不拜黯曰以大將軍有揖客反不重邪大將軍聞愈賢黯數請問國家朝廷所疑遇黯加於平日

錄曰汲黯不拜衛青所恃者何邪蓋人有欲則不剛凡所以屈巳卑奉者欲也黯惟至剛故面折而不爲過犯義而不爲

辱君且直之而況於臣乎或曰黯嘗願出入禁闥豈其無欲哉夫質直好義者達也色取行違者聞也黯之行違矣其在內也奚以重其在外也奚以輕

按古者文武出於一途自太公以來尹吉甫方叔召虎皆以卿才出將春秋諸國亦然故郤縠說禮樂而敦詩書可爲元帥後世文武截然分道往往因時重輕此詆爲老兵彼斥爲毛錐各不相下甚至衝決事機者多矣靑起奴隸而能識大體敬禮汲黯比之絳灌排擯賈生豈不大相逕庭邪夫貴而不驕高而能下自古賢之易曰以貴下賤大得民也今人非不知謙爲美德乃欲盡抑其虛憍之氣名

臣儒者猶難之矧此不學無術者乎唐時金吾將軍張萬福聞陽城伏闕大言賀曰朝廷有直臣天下必太平矣由是名震一時向無此舉即將軍位尊千載後又誰知有張萬福其人哉

馬援與公孫述舊同里閈相交善後述稱帝成都隗囂使援往觀述盛陳陛衛延援入交拜禮畢使出就館更爲制都布單衣交讓冠會百僚宗廟中立舊交之位述鸞旗旄騎蹕警就車磬折而入禮饗官屬甚盛及援奉書雒陽光武祖幘坐迎笑謂援曰卿遨遊二帝間今見卿使人大慚援謝曰當今之世非但君擇臣臣亦擇君臣與公孫述少相善臣前至蜀述陛戟而後進

臣今臣遠來陛下何知非刺客姦人而簡易若是帝笑曰卿非刺客顧說客爾援曰天下反覆盜名字者不可勝數今見陛下恢廓大度同符高祖乃知帝王自有眞矣

錄曰帝之簡易不當如是邪夫王僚重鎧專諸刺行秦法斷兵荆軻七見固不在簡與不簡之間也然則帝豈故爲是哉聲音笑貌可施於庸碌之人開誠布公自結於豪傑之士援之觀聽一見決矣惜乎說客之言非知援者葢援之擇主已自傾心專力東方乃其素願初非反覆傾詐之徒也使其君可事則雖堂陛介然不害其委質使其君有難事則雖握手歡然不見其可親卒之滅囂破述不越範圍然則援非說客

廼上客爾其於懸誦乎何有

明帝永平二年上幸辟雍初行養老禮以李躬爲三老桓榮爲五更三老服都紵大袍冠進賢冠扶玉杖乘輿到辟雍禮殿御座東廂遣使者安車迎三老五更於太學講堂天子迎於門屏交禮道自阼階三老升自賓階至階天子揖如禮三老升東面三公設几九卿正履天子親袒割牲執醬而饋執爵而酳祝哽在前祝饐在後五更南面三公進供禮亦如之禮畢引桓榮及弟子升堂上自爲說諸儒執經問難於前冠帶搢紳之人圜橋門而觀聽者蓋億萬計

錄曰光武建立辟雍未及臨饗至是明帝親幸始行其禮今

觀威儀文物之盛登降揖遜之周三代以後鮮此曠典帝可謂善繼善述者矣惜乎特備於王公貴人公卿外戚而鮮及於天下是以詔令未伸庠序未設期門羽林之士橋門冠帶之人不過侈觀聽之美其於人倫孝弟無所關預而教化亦止於如斯而已

上自爲太子受尚書於桓榮及即位猶尊以師禮嘗幸太常府令榮坐東面設几杖會百官及門生數百人上親自執業諸生或避位發難上謙曰太師在是既罷悉以太官供具賜太常家榮每病帝輒遣使者存問太醫相望於道及篤帝幸其家問起居入街下車擁經而前撫榮垂涕賜以牀茵帷帳刀劍衣被良

久乃去自是諸侯將軍大夫問疾者不敢復乘車到門皆拜牀下榮卒帝親自變服臨喪送葬

錄曰夫邪正不並立儒釋不同行有天地然後有儒帝知崇儒養老而又好事佛何也曰此葉公之通患也夫儒之貴不在於章句猶龍之靈不在於爪牙以二帝三王之所務而求之三老五更之所稽猶以神靈變化之設施而望於蚍蜓蜓蝪之蠢動也雖然豈惟儒哉佛以空虛寂滅即心見性自然慧覺安在其四十二章之傳乎然則沙門之所精亦桓榮之所稽者而儒與佛胥失之矣

按古禮太子入學與國人齒所以教之父子君臣長幼之

道也人自幼時便習禮讓明人倫日聞正言親正人自然德性純熟施之於友必能屈已虛心常若不及然惟尊師然後師嚴師嚴然後敎成師道不尊而望承其敎無異却行求前爾近見士庶家師弟類以貴賤高下而不問德業爲之師者亦皆俛仰隨時不敢以師道自處徵時則同覘席之雅一至位分懸殊淵源之誼漸成疎濶是則庶人有師而卿大夫將無師師尚如此何論於友漢明之於桓榮始終不替其禮不以天子尊貴少加師傅則天資高明而事暗合古也

崔駰博學有偉才少游太學與班固傅毅齊名常以典籍爲業

未遑仕進元和中肅宗修古禮巡狩方嶽駰上四巡頌以稱漢德辭甚典美帝雅好文自見駰頌後嗟嘆之謂侍中竇憲曰卿寧知崔駰乎對曰班固數爲臣說之然未見也帝曰公愛班固而忽崔駰此葉公之好龍也試請見之駰由此候憲憲屣履迎門笑謂駰曰亭伯吾受詔交公公何得薄哉遂揖入爲上客

錄曰愚觀肅宗之論班崔蓋不但言語文字之間而其終身之得失利害已較然判矣駰前奏記數十指切長短至憲不能容一旦潔身遠引所謂卽鹿無虞幾不如舍者其能免禍宜矣固不教諸子多不遵法至吏人厭苦畏不敢發所謂婦子嘻嘻失家節者其終安得而不亡哉

陳重雷義少同郡相友善俱學魯詩顏氏春秋太守張雲舉重孝廉重以讓義及義舉茂才亦讓於重太守不聽義遂陽狂後同舉孝廉俱拜尚書郎義代同時人受罪因遂見黜重見義去亦以病免故鄉里爲之語曰膠漆自謂堅不如雷與陳

錄曰陳雷之事本末未詳史特其大較耳設使人人讓德比屋相推濟之俗不興於其時乎若乃王吉貢禹彈冠相慶庶幾近之至於朱博蕭育弗及遠矣

任延年十二明詩易春秋顯名太學號聖童更始元年爲會稽都尉時年十九到任靜泊無爲唯先遣饋禮祠延陵季子時避亂江南者皆未還中土會稽頗稱多士延到皆聘請高行如董

子儀嚴子陵等敬待以師友之禮吳有龍丘萇者隱居太末志不降辱掾吏白請召之延曰龍丘先生躬德履義有原憲伯夷之節都尉灑掃其門猶懼辱焉召之不可遣功曹奉謁修書記致醫藥吏使相望於道積一歲萇乃乘輦詣府願得先備採錄遂署議曹祭酒萇卒延自臨殯是以郡中賢士大夫爭往

錄曰史稱子陵披羊裘變姓名而逃觀諸任延所禮則固未嘗遁也易大蹇朋來延方以弱冠之年而能傾心下賢可謂不失中正之節者也卒使龍丘感動願得備錄及至身死歸於我殯延與萇殆相得而益彰乎

北海管寧少與華歆邴原相友游學異國時天下亂聞公孫度

令行海外遂與原避地遼東度虛館以候既往與語唯於經典不及世事乃因山爲廬鑿坯爲室越海避難者多就之旬月成邑相與講詩書陳俎豆飾威儀明禮讓由是度安其賢民化其德所居屯落會井汲者男女雜爭寧患之乃多買器分置井旁汲以相待來者怪之問知寧所爲乃不復爭擾鄰有牛暴田爲牽著凉處自爲飲食牛主大慙禮讓移於海表黃初四年詔舉獨行君子司徒華歆薦寧詔爲大中大夫不受明帝卽位歆爲太尉遜位讓寧亦辭疾自越海及歸常坐一木榻積五十餘年未嘗箕股其榻上當膝處皆穿行年八十志無衰倦偃息窮巷販鬻糊口吟咏詩書不改其樂

錄曰孔子曰言忠信行篤敬雖蠻貊之邦行矣寧澡身浴德遭亂弗逃臨治弗屈殆所稱經危蹈險不易其節金聲玉色久而彌彰者也其與華歆始焉不肯同席而坐終焉豈能同日而語哉

三國志劉備見徐庶于新野因謂備曰此間有諸葛孔明其人臥龍也將軍豈願見之乎備始曰君與俱來庶曰此人可就見不可屈致將軍宜枉駕顧之備曰諾由是親往詣亮于隆中凡三顧乃得見

錄曰蹇之上六曰往蹇來碩吉利見大人時權御已移漢祚將傾險難之極也昭烈冒險而起厄塞窮蹇又無倚賴苟非

剛明之才碩大之輔佐之以濟險資之以紓難豈能出於蹇乎故其象爲大善之吉其占爲利見大人三顧之禮有由然哉然其所以勸備者雖由於徐庶而所以扶劉者先定於隆中矣夫豈偶然之故哉

按襄陽與南陽接壤秦漢時本同一郡至曹魏并吳始分置襄陽以漢水界故孔明隱地在襄之隆中而又自言躬耕南陽也世不深考因有臥龍之號遂指南陽郡臥龍岡實之謂地以人顯不知光武發祥之所王氣攸鍾地靈特異山自太行來脈委迤起伏至臥龍岡結穴勢特寬平故以形名之其水盤紆清瀏如雪故曰白水則臥龍之名由

來已久豈因孔明在南陽而得名邪乃傅會者猶且首鼠

其詞謂孔明隱南陽而往來隆中其飾非尤甚矣

文中子王通父隆傳先王之業教授門人千餘嘗歌伐本而召通曰爾來自天子至於庶人未有不資友以成者也通於是有四方之志蓋受書於東海李育學詩於會稽夏琠問禮於河東關朗正樂於北平霍汲考易於族父仲華慨然有弘濟蒼生之志西遊長安見隋文帝上太平十二策遵王道推霸畧上不能用遂歸教授河汾間乃續詩書正禮樂修六經贊易道九年大就門人自遠而至河南董常泰山姚義京兆杜淹趙郡李靖南陽程元扶風竇威河東薛收中山賈瓊清河房玄齡鉅鹿魏徵

太原温大雅潁川陳叔達咸北面焉從父王珪曰積亂之後當生大賢世習禮樂莫若吾族振斯文者非子誰與及卒門人議曰吾師其至人乎易曰黃裳元吉文在中也請謚曰文中子緦麻設位哀以送之

錄曰按東皐子王績與尚書陳叔達書曰貞觀初王凝爲監察御史彈侯君集事連長孫太尉由是獲罪時杜淹爲御史大夫密奏凝直言非辜於是無忌與淹有隙而王氏兄弟皆抑不得用及叔達修隋史淹時所撰文中子世家達之陳公亦避太尉之權藏而未出後魏徵適奏事見太尉曰君集之事果虛邪御史當反其坐果實邪太尉何疑焉於是意稍解

其後君集果誅然則通之不幸非有大故也而史實遺之無足怪矣逮鄭樵作通志顧亦因循其舊不爲立傳果何爲哉然則何貴於君子述作之功而爲千古斯文之幸乎

按王通西遊長安上隋文帝太平十二策論者以爲昧時干進自取絀辱非儒者席珍待聘之義不知行道濟時聖賢汲皇之本心若齊若梁孟子猶且庭說爲况隋文時天下亦既混一主又節儉治國富强基業大有可因抱所學以冀一售亦有所不得已迨身履輦下目擊時事終知不能用則當愛其身以有待於是退而修正六經教授弟子房魏陳李之徒果能傳其遺緒乘時奮業措唐室於太平

是遍雖不獲躬抒弘濟蒼生之素志而開有唐三百年之盛者皆遍一人爲之先其蘊蓄閎遠流澤久長自漢以下豈非所稱大儒哉夫明良遇合自古爲難非本質淸明鋭精求治則便可苟安而止以聖王之道說之必且謙讓未遑若漢文之於賈生亦僅前席宣室而已何況隋文以胥吏治國素不喜儒術者邪

唐書貞觀六年詔定孔子爲先聖顏子爲先師盡召天下惇師老德爲學官數臨幸親釋菜命祭酒博士講論經義賜以粟帛生能通一經得署吏廣學舍千二百區諸生員至三千二百四方秀乂挾策負素坌集京師文治蝟焉勃興紆侈袂曳方履閻

闈秩秩雖三代之盛所未聞

錄曰自古民生於三事之如一太宗可謂無負君師之責矣然豈知君子之道費而隱者也外而高昌百濟新羅吐蕃遣子入學內而閨門之內蕭牆之間不能無慚德焉此天地之大人猶有憾者而挾策負素固不若鳶飛魚躍自然之妙矣此唐之所以不如三代也

十七年定太子見三師儀迎於殿門外先拜三師答拜每門讓於三師三師坐太子乃坐其與三師書札皆前後稱名惶恐

錄曰太宗之尊三師可謂至矣以王珪爲魏王師則先拜以玄齡爲太子師則又先拜至是著爲定式俾子孫世守之奈

何不旋踵而忽亡其故與彼三師之設肇自周公內有元聖之德外抗伯禽之法則師道立矣彼李勣者帝以朝四暮三畜之彼亦以朝三暮四應之則凡拜揖進退之間坐立疾徐之際祇如登場之戲術耳何足貴哉蓋不但旋踵間可以廷辱師傅而五王之禍亦且不遠矣

高士廉都督益州爲文會命儒生講論經史學校粲然復興有朱桃椎者隱居不仕沉浮人間先是竇軌鎮益州聞其名召見之遺以衣服逼爲鄉正桃椎口竟無言棄衣於地逃入山中夏則躶形冬則樹皮自覆贈遺一無所受每爲芒履置路側見之者曰居士履也爲鬻米置其處桃椎至夕取之終不與見議者

以爲焦光之流及士廉下車以禮致之比至降階與語每令官僚存問獨加褒禮蜀中相傳爲美談

錄曰蜀有欒渠之風不但文翁一人君平一事可以相厲而欲廉頑立懦苟非加意於至賤不能揚其波非挹損於至貴不能顯其化此褒禮下士不得不爲益州美談也

自唐會昌中白樂天居洛與胡吉劉鄭盧張等六人皆多年壽于東都履道坊合尚齒之會又有二老李元爽及僧如滿與焉並寫其形貌爲勝事至宋杜祁公衍與太原王渙河東畢世長沛國朱貫始平馮平咸以耆年掛冠爲睢陽五老會賦詩酬和形於繪事元豐中潞公文彥博雖窮貴極富而平居接物謙下

如恐不及與邵雍程顥程頤賓接之如布衣交時富韓公以司徒致仕乃集洛中公卿大夫年德高者爲耆英會尚齒不尚官就資聖院建耆英堂繪像其中宣徽使王拱辰留守北京貽書潞公願預會獨溫公年未七十潞公素重其人請入會凡十三人諸老鬚眉皓白衣冠甚偉每宴集都人隨觀之潞公復爲同甲會司馬郎中旦程大中珦席司徒汝言皆丙午人也亦繪像資聖院溫公又爲眞率會皆洛陽太平盛事

錄曰洛陽天下之中鳧鷖既醉之風不知幾及見矣數老者

國家之元氣太平之楷範也伯夷太公何得專美於前乎當

時世道全盛士大夫優游暇日之氣象可想見矣

按溫公眞率會相約殽核不得過五器因作詩云隨家所有自可樂爲具更微誰笑貧不待珍羞方下箸每逢佳景便娛賓及東坡在黄州友朋往還者多貧不能時具且減而爲三自言有三養曰安分以養福寬胃以養氣省費以養財後葉石林則兼取二者參行之甞戲語客曰古者待賓之禮有燕有享而享其儉者也今邂逅而集者用子瞻三簋以當享非時而特會者用溫公五簋以當燕前哲清風眞可爲法邇來習尚侈靡競講口腹非先代古磁不足以陳設非山海珍錯不足以充庖至有一宴而可當貧士一歲之糧一席而可破中人數家之產者此種暴殄誠取

諸宮中而裕如尚爲有識者所不取一遇好勝不自量之徒勢將竭蹶經營勉强羅列皇皇於鼎俎之間孳孳於燔炙之下器必務雅觀物必期精腆是終歲不能舉一會徒使友朋之誼日漸疎濶何如仿此真率之風得以常相談讌增盛時之輝光令後人傳爲佳話也哉

陳師道年十六以文謁曾南豐一見奇之願留受業熙寧中王氏經學盛行師道心非其說遂絶意進取性高介初游京師未嘗及貴人之門傅堯俞欲識之以問秦觀觀曰是人非持刺字俛顔色伺候公卿之門者堯俞曰非所望也吾將見之子能爲我紹介乎又深知其貧懷金欲餽比至聽其論議益敬畏不敢

出章惇將薦於朝亦屬觀延至師道答曰公卿不下士久矣乃特見於今而親於其身幸孰大焉愚雖不足以齒士然以先王之制士不傳贄爲臣則不見於王公俾爲士者世守焉師道於章公前有貴賤之嫌後無平生之舊公雖可見禮可去乎且公之見招蓋以能守區區之禮也若昧冒法義聞命走門則失其所以見招又何取焉雖然幸公之他日成功謝事幅巾東歸師道當御欵段乘下澤候公於東門外尚未晚也終不往

錄曰孟子曰庶人不傳贄爲臣不敢見於諸侯此禮不明久矣以曾南豐而史稱其爲人行義不如政事政事不如文章況其他乎此所以一見許以文著未敢以節稱也而師道乃

能深致禮焉賦詩如一瓣香之敬不盡年之悲篤信守義罕見其儔嗚呼若人者可謂青出於藍矣

按士重潛修修之於家先孝弟忠信而後及於文章實至而名乃歸家庭樂之然後州里稱之朝宁舉之上無虛名之收下無干進之弊三代州舉里選漢唐猶然因之名臣輩出皆造士之效也後代以文取士畧素行而不問惟視一時文辭之工便得膺選舉迨至晚近專以名進則僥倖之途開而文之工不工益非所計於是浮僞之徒互相標榜奔走公卿之門伺候權倖之第多方干謁以獵科第躋華要者夥矣是則公卿雖不下士士猶趨之若鶩烏有殷

勤託致而能守禮却之如陳公者哉夫名士非不足貴但惡夫實與名違而唯望門投刺以博聲譽致篤行勤修之士反因自愛而畢生屈抑耳古之頌得人者曰進幽獨抑浮華舉闇修拔寒畯未聞崇虛名以長奔競者也設取士者能循名以更考其實因文而進察其行則名乃實之賓又何必惡夫狥名者哉

弘道錄卷之十五終

弘道錄卷之十六

明刑部員外郎仁和邵經邦弘齋學
皇清詹事府少詹事四世孫遠平補案

智

君臣之智

家語孔子稱堯曰其智如神

錄曰繫辭曰神而明之夫萬事萬物出乎天也夫苟出乎天則視之而弗見聽之而弗聞理無形也未可以爲神也具衆理宰萬事繫乎人也夫苟繫乎人則疑之而可言擬之而可動心有覺也此所以爲神也非所以疑擬於杳冥之鬼神也

按古稱治天下者首推恭已垂裳似乎可不用智不知智乃性中自具非揣摩億逆之所可竊似若但以仁義禮信爲尚而泯其智則理萬幾熙庶績豈汶汶昧昧之可效乎故首出御物應接不窮並有自然之條理而以吾之虛靈運乎其間史臣贊堯一則曰欽明二則曰克明誠以亶聰明作元后不必卻智以爲行所無事也仁非智或誤用其仁禮非智或過行其禮義非智或有害義之端信非智或有妨信之舉冕旒蔽目黈纊塞耳土木形骸何以稱則哲而號知人光四表而格上下乎第不貴穿鑿不煩伺察外物與吾心適遭表裏至本末洞見靜觀坐照朗徹無遺不

先事以將迎不後時而擬議以是爲如神耳豈若鬼神之

杳渺使人莫測之爲智邪

中庸子曰舜其大知也與舜好問而好察邇言隱惡而揚善執其兩端用其中於民其斯以爲舜乎

錄曰堯之智曰如神言其用之所及不可測度也舜之智曰用中言其心之所存無過不及也若乃曲狥已見則不可謂之用示人難行則不可謂之邇苛察爲明則不可謂之好優柔不斷則不可謂之執忠諫者謂之誹謗深訐者謂之妖言又安在隱惡而揚善乎斯皆智之賊也故聖人不由焉

孟子所惡於智者爲其鑿也如智者若禹之行水也則無惡於

智矣禹之行水也行其所無事也如智者亦行其所無事則智亦大矣

錄曰禹之智鯀之所謂不智也夫父子之道天性也一以率性而利一以穿鑿而害今天下之鑿者非獨鯀也或苛察自任或壅閼自賢或躁急自用或刻薄自恣或僥倖自多奚啻其一端乎孟子發爲行所無事之說於世道極有裨益未可作行水一事觀也

書仲虺之誥成湯放桀于南巢惟有慚德曰予恐來世以台爲口實仲虺乃作誥曰嗚呼惟天生民有欲無主乃亂惟天生聰明時乂有夏昏德民墜塗炭天乃錫王勇智表正萬邦

錄曰湯何以謂之勇智乎夫禪受以文革命以武然非內秉剛明之德何以能上應天心下順民志乎而猶曰已日乃孚者湯恐後世以台爲口實也然其實人心喜悅未占有孚而猶曰革言三就者仲虺作誥以解湯之惑也不然雖以咨嗟涕滂如莽之金縢自陳肝鬲如操之下令而不知人之視已如見其肺肝然果何益哉

按智勇二者相輔而行缺一不可智以善勇之用勇以遂智之成勇而非智則任情率意一往直前或宜緩而急或失中而過鄰於躁矣智而非勇則利害錙銖瞻徇較量閒難而色沮見義而不爲又何貴有此智哉湯惟智勇兼具

明知君臣大倫昭如日月而倫出乎天必當奉天倫繫乎人不可違人故夬意爲應順之舉使天下後世曉然知爲君之不易而君極以端爲臣之遠慚而臣道以立創千古不經見之事蘇萬民徯我后之情非天錫而能然乎然中庸言三達德而此止舉其二夫豈有遺義哉若無不忍於天下之心亦安所得引罪朕躬之語是仁已在智勇之中仲虺矢口而陳夫子本性而論皆本末兼該始終貫徹無二道無異功也

孟子萬章問曰百里奚自鬻於秦養牲者五羊之皮食牛以要秦繆公信乎孟子曰否不然好事者爲之也百里奚虞人也晉

人以垂棘之璧與屈產之乘假道於虞以伐虢宮之奇諫百里奚不諫知虞公之不可諫而去之秦年已七十矣曾不知以食牛干秦繆公之爲汙也可謂智乎不可諫而不諫可謂不智乎知虞公之將亾而先去之不可謂不智也時舉於秦知繆公之可與有行也而相之可謂不智乎相秦而顯其君於天下可傳於後世不賢而能之乎自鬻以成其君鄉黨自好者不爲而謂賢者爲之乎

錄曰夫所謂之智者乃達於事理而周流無滯之謂也然仁可勉强智不可勉强此三代以下論人物者不能純乎天理而百里奚管仲晏子之徒亦在所錄也故觀於四智二賢之

論則知當時所以爲之惓惓者亦必有其道矣

按史遷言百里奚媵于秦亾秦走宛楚人執之穆公以五羖羊皮贖焉授以國政又述奚言周王好牛臣以養牛干之及考左氏晋人執虞公及其大夫井伯以媵秦穆姬未嘗有奚也觀孟子反復致辨則爲媵食牛之疑可破又云百里奚舉於市即五羖贖之之說亦不待再爲之解矣蓋遷平日心折孟子豈是篇而尚未之聞邪史通曰司馬氏多聚舊紀時插雜言大抵好奇務博以極縱横馳騁之材則固文人習氣爾

國語桓公使鮑叔爲宰辭曰君加惠於臣使不凍餒君之賜也

若必治國家則非臣之所能也其唯管夷吾乎臣之所不若夷吾者五寬惠柔民弗若也治國家不失其柄弗若也忠信可結於百姓弗若也制禮義可法於四方弗若也執枹鼓立於軍門使百姓加勇焉弗若也桓公曰夫管仲射寡人中鉤是以濱於死鮑叔曰夫爲其君動也君若宥而反之夫猶是也桓公使人請諸魯比至三釁三浴之桓公親逆之郊而授之以政

錄曰序卦曰物不可以終否故受之以同人傳曰天地不交爲否上下相同則爲同人世之方否必與人同力乃能濟也桓公當否極之後驟然興起思以智力服天下苟非得先幾之士同心之言何由聽信之乎牙之推賢讓能無驪比之私

桓之諫行言聽有剛明之德齊國之亨夫是由也

按左傳初襄公立政令不常鮑叔牙曰君使民慢亂將作矣奉公子小白奔莒杜氏曰僖公庶子及亂作管夷吾召忽奉公子糾來奔杜氏曰小白庶兄而胡氏謂子糾不當立小白宜有齊則無他據祇以糾爲弟小白爲兄爾今考史世家襄公次弟糾奔魯次弟小白奔莒是糾固兄也故荀卿曰桓公殺兄以反國莊子曰小白殺兄入嫂而管仲爲臣古越絶書曰管仲臣於桓公兄公子糾卽管子大匡篇亦曰齊僖公生公子諸兒公子糾公子小白又曰鮑叔傅小白辭疾不出以其幼而賤故夫賤者母賤幼者齒幼

也而胡氏引據有云史稱齊桓殺其弟以返國一語求之
列史並無其文及考漢淮南王傳有曰昔周公誅管蔡以
安周齊桓殺其弟以返國以文帝爲兄故諱言兄而云弟
韋昭本註所謂子糾本兄而稱弟者不敢斥也程子祇據
漢書有桓兄糾弟之說而胡氏因之以致後儒承誤盡曰
桓兄糾弟故管仲可相桓召忽不必死糾以是定王珪魏
徵不死建成元吉之案獨不思人各事其主乎事兄可死
事弟可不死則凡爲弟者懼矣豈非千古之大惑哉

桓公與管仲坐而問曰昔吾先君築臺以爲高位田狩畢弋不
聽國政卑聖侮士而唯女是崇戎士凍餒戎車待游車之裂戎

士待陳妾之餘優笑在前賢材在後是以國家不日引不月長爲此若何對曰吾昔先君昭王穆王世法文武遠績以成名合羣叟比校民之有道者設象以爲民紀式權以相應比綴以度竱本肇末勸之以賞賚糾之以刑罰班序顛毛以爲民紀統公曰爲之若何對曰昔者聖王之治天下也參其國而伍其鄙定民之居成民之事而慎用其六柄焉

錄曰序卦與人同者物必歸焉故受之以大有爲卦火在天上其明及遠萬物之衆無不照見此桓公管仲坐而論道之時也

按齊桓指陳襄公弊政似乎瞭然胸中鑒戒不遠惟恐稍

鄰蹈襲乃迹其創霸之後意之所注身之所安令之所發
與所陳弊政不相懸絶如樂飲而繼以火棄德而勤於遠
用豎刁諸臣寵衛姬等如夫人爲蔡女而用兵南伐以王
命討衛取賂而還之屬何其不務長久宴安酖毒也夫斥
人則易自知實難從欲則易循理則難大賢猶有戰勝之
癯何况桓公之疵質與

公曰吾欲從事諸侯可乎對曰未可於是制國五家爲軌軌爲
之長十軌爲里里有司四里爲連連爲之長十連爲鄉鄉有良
人以爲軍令五家爲軌故五人爲伍軌長帥之十軌爲里故五
十人爲小戎里有司帥之四里爲連故二百人爲卒連長帥之

十連爲鄉故二千人爲旅鄉良人帥之五鄉爲帥故萬人爲一軍五鄉之師帥之春以獀振旅秋以獮治兵是故卒伍整於里軍旅整於郊內教旣成勿使遷徙伍之人祭祀同福死喪同恤人與人相疇世同居少同游故夜戰聲相聞足以不乖晝戰目相視足以相識其懽忻足以相死守則同固戰則同强君有此士三萬人方行於天下以屏周室莫之能禦也

錄曰作內政而寄軍令乃先王聯屬其民寓兵於農之法大較不越乎此推而行之天下何患治之不古若與雖然仲小智也外則假以欺人內則急以强已就其閒悦君心纖微畢照則可見其明燭而有餘究其反覆傾險詖心措意則又見

其光大之不足此聖門之所以不道也
按齊桓未嘗學問而管子實天下才慨天下之無君不得已而藉桓以用齊藉齊以用天下若救邢救衛伐楚伐戎定襄王于首止省魯難于落姑節制三萬人帥服三十國跡其謀鄭故而曰德禮不易無人不懷其智不盡軌里連鄉之法已也使得君而用之則所就當不止此至鮑叔之知仲尤爲世所罕儔如分財多自予而謂爲忠信屢遭斥逐而謂爲不失其柄三戰三北而謂能使百姓加勇此等識力直在驪黃牝牡之外可見天地生才實難而才人之逢知已尤難然當日何不並從在莒而乃後從奔魯使魯

勝而糾入則奈何使射不止中鉤又奈何使魯留之不遣又奈何此管鮑之交蓋殊有天幸焉若蘇秦不引張儀爲援而必驅之秦且不以情告而以術激之秦固知從之不能久合秦之必敗從也故入儀于秦而又凌駕其上使儀視秦如鬼神之不可測懼不敢動此儀所以受秦愚而莫之覺則管鮑之所不屑道者矣

左傳齊景公田于沛既還晏子侍于遄臺梁丘據馳而造焉公曰唯據與我和夫晏子對曰據亦同也焉得爲和公曰和與同異乎對曰異和如羹焉水火醯醢鹽梅以烹魚肉燀之以薪宰夫和之齊之以味濟其不及以洩其過君子食之以平其心君

臣亦然君所謂可而有否焉臣替其否以成其可君所謂否而有可焉臣獻其可以去其否是以政平而不干民無爭心故詩曰亦有和羹既戒既平奏假無言時靡有爭今據不然君所謂可據亦曰可君所謂否據亦曰否若以水濟水誰能食之同之不可也如是

録曰和與同相似而正相反公私義利所由分也蓋同之言利害不分是非莫辨是故言之可聽聽之易入和之言祇求無背於理不求無背於迹是故言之未必聽聽之未必懌要之進無面從退無後言者和也視君志爲從違便已私爲進退者同也差之毫釐謬以千里爲人上者可不察哉

景公欲更晏子之宅曰子之宅近市湫隘囂塵不可居請更諸爽塏者辭曰君之先臣容焉臣不足以嗣之於臣侈矣且小人近市朝夕得所求小人之利也敢煩里旅公笑曰子近市識貴賤乎時景公繁於刑有鬻踊者乃對曰踊貴屨賤公爲是省於刑及晏子如晉公更其宅反則成矣既拜乃毀之爲里室皆如其舊則使宅人反之且諺曰非宅是卜惟鄰是卜二三子先卜鄰矣違卜不祥君子不犯非禮小人不犯不祥古之制也吾敢違乎卒復其舊宅公弗許因陳桓子以請乃許之

錄曰智哉晏平仲乎卻慶氏殿鄙六十弗受一也從季札言納邑與政二也辭宅卒復其舊三也彼不知自保者今雖炫

美輪奐以誇私寵焉知他日不變革改毀同歸於盡乎故曰非惡富恐失富也以齊之多難崔慶亂於前欒鮑踵其後晏獨端委植立而不可變者明哲爲之也故利不可强思義爲愈蘊利生孽君子其戒之哉

按齊人動稱管晏往往相提並論然二人識力迥有不同仲雖器小而覩其所志在尊王定霸睦鄰威遠故於一國之內整齊布置多方周密且桓公朝氣方興悉心委任得以盡展底蘊純乎用智而不見其智故智無可名也晏子值景公時陳鮑迭漸用事又多犂鉏梁丘據之徒獨立無和惟是規矩繩尺綱舉目張不及仲什分之一其用智半

在保身與名身名既庇而智亦由之顯是以春秋時推智者無如晏嬰而嬰卒不及仲也且陳氏舞負販之小術寓攘奪之巨慾將見鷹揚鍜翮鳳鳴于嬀嬰既得君行政不能辨之於早徒與叔向私語卒之晉析爲三齊移於一則是其君皆寄生其臣皆竊位者爾智於何有

魯饑臧文仲言於桓公曰國病矣君盍以名器請糴于齊公曰誰使曰國有饑饉卿出告糴古之制也辰也備卿請如齊公使往從者曰君不命而請之其爲選事乎仲曰賢者急病而讓夷居官當事不避難我不如齊非急病也在上不恤下居官而惰非事君也以鬯圭玉磬如齊齊人歸其玉而與之糴

錄曰遏糴者五霸之所禁於是有文仲之請齊人之與焉何以近今之世反不然乎彼夫各君其國各子其民者且不若是恝况溥天之下莫非王土何爲而閉之糴也夫常平社倉其制遠矣耕三餘九亦云逖矣募民入粟旣曰無策和糴升斗亦難爲繼則勸諭招徠有無接濟乃當今要務不得以當官威令參預其間也且如一府一邑所産幾何由自本土猶之可也四通八達之衢豐年尚資外來設一壅閼來者阻絶居者騰湧安得而不坐索高價重困吾民邪惟其無阻人各趨利不分遠邇不俟號召自然聞風雲集此移民移粟所以有限而遏糴之爲厲禁也與

按戰國時李悝平糴法上熟則糴三舍一中熟糴二下熟糴一小饑發小熟中饑發中熟大饑發大熟糶之後世多祖其意又朱子社倉法以十家爲甲甲推一人爲首五十家又推一人通曉者爲社首凡游手好懶與衣食不缺者不得與其應入甲者亦問其願與不願願者開具一家大小口若干小口五歲以上五斗大口十六歲以上一石於府中請常平米六百石夏月貸之資其種粒秋成加息以償償以溼惡不實者有罰歲歉則蠲其息之半大饑盡蠲之凡十四年得息米造倉三間又以原數六百石還府餘米三千一百石爲社倉以後不復收息每石止收耗三升

以故一鄉四十五里間雖凶年不乏食試由一鄉而推之一邑準是而行之天下又何必散財薄征緩刑弛力舍禁去譏省禮殺哀蕃樂多昏索鬼神除盜賊爲荒政十二之紛煩哉當魯僖二十一年夏大旱公欲焚尫文仲曰若能爲旱焚之滋甚故其備荒也則興作以食之節儉以餘之分贏以均之免無辜而自貶損雖饑不害可謂智矣若乃泛舟之役子桑論報施之情百里言救恤之道行道有福幸災不仁豈其然乎

臧武仲多智時號爲聖人邾庶其以漆閭丘來奔季武子以公姑姊妻之皆有賜於其從者自是魯多盜季孫謂紇曰子盍詰

盜武仲曰不可詰也紇又不能季孫曰我有四封而詰其盜何故不可子爲司寇將盜是務去若之何不能武仲曰子招外盜使紇去之將何以能庶其竊邑以來子以姬氏妻之而與之邑其從者皆有賜是賞盜也賞而去之其或難焉紇也聞之在上位者灑濯其心一以待人軌度其信而後可以治人夫上之所爲民之歸也上所不爲而民或爲之是以加刑罰焉而莫敢不懲若上所爲而民亦爲之乃其所也又可禁乎

錄曰夫子嘗告季孫曰苟子之不欲雖賞之不竊其言正與紇合孰謂武仲之智而可少哉夫有宣公之命莒僕而後有季孫之賞庶其有桓公之納郜鼎而後有陽虎之竊寶玉誨

盇之驗如聲隨響人可不務洗濯其心乎以紇之智足以服
季孫外盇之言孰不敬信而內寵之私孰可殉之雖然以甲
從巳則譖犯門斬關則誣紇以正論而宿以憾施言之禍人
一至此夫
按魯有二臧前文後武並名表表之才乃文仲居官比賢
者夫子譏其不智武仲之智稱聖人夫子又惜其不順何
哉蓋中人以下一長片善皆足起君子之稱揚而苟聲譽
著聞身爲表率則瑕瑜自不相掩况文之竊位武之要君
皆屬用智之過自謂可以欺人而有識者復從而朦昧之
則恐將來效尤者衆故論人必於其眞或觀過而知仁或

美中而見疵務使人於事君行已之間廓然大公不敢少
存私意正聖人之厚於期人而非好爲刻責也
秦穆公納晉公子及河舅犯以璧授公子曰臣負羈紲從君巡
於天下臣罪多矣請由此辭公子曰所不與舅氏同心者有如
此水投其璧於河遂入曲沃是爲文公王室有亂襄王出居于
鄭秦穆公師于河上將納王舅犯謂文公曰求諸侯莫如勤王
諸侯信之且大義也公以爲然故辭秦師而下次于陽樊右師
圍溫左師逆王入襄王于周取王弟叔帶于溫殺之
錄曰蠱序卦曰以喜隨人者必有事故受之以蠱夫喜悅以
隨於人者必有事也無事則何喜何隨然則授璧請亡豈得

已哉介子推之事可以鑒矣彖又曰蠱元亨而天下治也治蠱之初苟能使尊卑上下止齊安定何事不可治何功不可成然則求諸侯莫如勤王豈無徵哉文侯仇之事可以法矣故又曰利涉大川往有事也其諸亾人子犯之謂乎

楚子及諸侯圍宋宋公孫固如晉告急先軫曰報施救患取威定霸於是乎在狐偃曰楚始得曹而新昏於衞若伐曹衞楚必救之則齊宋免矣於是蒐于被廬作三軍謀元帥晉侯始入而教其民二年欲用之子犯曰民未知義未安其居於是出定襄王入務利民民懷生矣將用之子犯曰民未知信未宣其用於是伐原以示之信民易資者不求豐焉明徵其辭公曰可矣乎

子犯曰民未知禮未生其共於是大蒐以示之禮作執秩以正其官民聽不惑而後用之出穀戍釋宋圍一戰而霸文之教也

錄曰孔子曰上好禮則民莫敢不敬上好義則民莫敢不服上好信則民莫敢不用情晉雖强大天實與之而子犯之取威定霸猶必教而後陣謀而後戰惟不急於用民民自樂効其用可謂知務矣

按城濮之捷其智在善用曹衛葢楚之有曹衛猶晉之有宋皆與國也楚圍宋而晉執曹伯且分曹衛之田畀宋人以撓楚則楚自解宋圍而去及楚請復衛侯而封曹晉又私許復曹衛以攜楚逮曹衛告絶於楚而楚之勢孤楚孤

而晉之戰勝決矣其始能以我之伐曹衛者收曹衛而終反以楚之庇曹衛者失曹衛用與國用敵國兼用敵國之與國還以困敵國其顛倒强楚之智真令人莫測首尾後世扼亢擣虛之法無不本此然而譎矣

鄭子皮授子產政辭曰國小而偪族大寵多不可爲也子皮曰虎帥以聽誰敢犯子子善相之國無小小能事大國乃寬子產爲政使都鄙有章上下有服大人之忠儉者從而與之泰侈者因而斃之從政一年輿人謗之曰取我衣冠而褚之取我田疇而伍之孰殺子產吾其與之及三年又誦之曰我有子弟子產誨之我有田疇子產殖之子產而死誰其嗣之

錄曰愚觀子產之治鄭乃知井田學校當時皆可復也夫鄭與魯與滕等爾其自稱國小而偪族大寵多一旦取我田疇而伍之而非鹵莽也取我衣冠而褚之而非姑息也斯二者先王井田教化之遺風也其始欲殺之者習寵怙勢之私其終欲嗣之者心悅誠服之公也然則田疇之殖者誰邪子弟之誨者誰邪蓋已寖寖乎同心嚮道矣此有子孟子未爲空言而子產能見之行事人豈可以弱小而自畫哉

按輿人之論其亦猶天籟之自發乎夫民至愚而神當其謗也不知其所由起而非等悠悠之口及其誦也不知其所由致而非同喋喋之夫此固嚴峻之威不能塞而煦嫗

之惠不能要者也然以較之不識不知之天則奚止霄壤矣大凡甲者必坼樸者必雕本天地自然之運即堯舜復起不能返而之太古是以爲政者惟務盡巳而巳或謗或誦何與焉至厲王之監謗說者猶幸其畏謗也以視後之人言不足恤者相去更何如哉

子皮欲使尹何爲邑子産曰少子皮曰使夫往而學焉子産曰不可人之愛人求利之也今吾子愛人則以政猶未能操刀而使割也其傷實多子於鄭國棟也棟折榱崩僑將厭焉敢不盡言子有美錦不使人學製焉大官大邑身之所庇也而使學者製焉僑聞學而後入政未聞以政學也子皮曰善吾聞君子務

知大者遠者小人務知小者近者我小人也衣服附在吾身吾知而愼之大官大邑所以庇身也我遠而慢之微子言吾不知也今而後請聽子而行

錄曰子夏曰學而優則仕夫尹何之不可使卽子羔之不可宰其言正與聖賢有合也操刀製錦之喻千古可爲明鑒獨怪今世仕者尙不能以政學其能學而後入政者有幾哉

按三代立制天子至庶人無有不學誠意正心而外凡撫字之所以周教化之所以洽風俗之所以移禮樂之所以興莫不預先殫究得其要歸至於兵刑食貨河渠律曆亦俱博考前古沿革之原得失之故廣見徧覽研心極慮務

闡其精夫而後一旦措於其用則左右逢源靡不耆然應手旣無可言難行之患亦無泥古窒今之譏由其居恆問學洞若觀火故政乃不逃也秦漢以後此風未替卜式公孫弘兒寬之儔牧豕灌園力學不倦施之政事均有可觀自是以來世急功名人輕學術庠校徒具教化不先嗤書生爲無用鄙儒者爲腐迂因噎廢食因陋飾愚平時無討論之功臨事見輈張之狀師心自智錯亂乖方而茫然不知所以致病之源也夫子惡賊夫人之子子產規其傷實多聖賢定論百世宜奉爲準型奈何其不思也哉

裨竈言於子產曰宋衛陳鄭將同日火若我用瓘斝玉瓚鄭必

不火子產弗與夏五月火始昏見丙子風梓愼曰是爲融風火之始也七日其火作乎壬午風大甚宋衞陳鄭皆火裨竈曰不用吾言鄭又將火子產不可子太叔曰寶以保民也若有火國幾亾子何愛焉子產曰天道遠人道邇非所及也何以知之竈焉知天道是亦多言矣豈或不信遂不與亦不復火

錄曰後人之譏曰孰謂子產智今觀其卻小數明天道獨非智與惟其智故以覘史爲末自强爲本苟國無政令安能消變未然乎有國家者當知吉凶禍福原有潛移默奪之理古人所以必先人事而後言數與命也

按昭十七年冬有星孛于大辰大辰房心尾也蒼龍之宿

心在中最明爲時候主故曰大辰孛者彗星其形似帚有除舊布新之象今除舊當心心爲火宿而除在火伏之時則來年火出而火災必布故申須梓愼裨竈皆謂來夏宋衞陳鄭將同日火以四國皆房心尾三宿次舍地也而董仲舒劉向皆云心爲天王爲明堂而孛加其內爲後此王猛子朝之亂徵至後漢緯家且云彗孛與熒惑同爲火體熒惑守心在周爲景王在漢爲高帝成帝晏駕之兆其說非不有據但其驗皆在五年之後自不若火伏而除火出而布見前歷歷之可徵也夫術士幸災以神其說其理固不可信然不幸而言中矣雖智如子産其猶瓘斝玉瓚之

是惜乎哉故前此之弗與人或能之後此之不可人不能也惟其定識定力實有以明於天人之故應感之機豈徒矯情鎮物遇災而不懼者比邪

通鑑魏文侯謂李克曰先生嘗有言曰家貧思賢妻國亂思良相今所置非成則璜二子何如對曰居視其所親富視其所與達視其所舉窮視其所不爲貧視其所不取五者足以定之文侯曰先生就舍吾之相定矣

錄曰五者果足以定相乎夫乾稱父坤稱母大君者宗子也大臣者家相也故天地之廣兆民之衆親之爲同胞視之爲吾與皆相職也若但居視其所親所不親者尚多也富視其

所與所不與者尚多也以論三晉之相則可論天下之相則不可天下之相必如秦誓所稱一个臣者方可以保子孫黎民視彼萬不侔矣後之欲論相者盍舉以為法

韓昭侯有敝袴命藏之侍者曰君亦不仁者矣不賜左右而藏之昭侯曰吾聞明主愛一嚬一笑今袴豈特嚬笑哉吾必待有功者

錄曰昭侯於是乎失言矣夫彤弓弨兮受言藏之先王所以待有功也袴雖鮮不以加諸人況於其敝者哉若夫一嚬一笑所關至重怒而故嚬喜而故笑在上之喜怒生殺予奪繫焉而豈敝袴之可比乎徒知舉措之不費不察身心之遠圖

偶存愛利之私情而競左右之臆說未足以語智也

按申韓持論大都薄賞而峻刑薄賞故先王道德之治以恩結之以情聯之之意衰而下不知感無從激勸峻刑則開商君治秦之法惟以威刦刑驅凡可避死求生之途無不委曲奔赴以致廉耻喪詐僞滋矣夫有功當賞雖萬鎰之金豈容炁惜無功之人即錙銖毫末猶不可濫從來無以敝袴爲賞功之具亦無有待有功止以敝袴相當者藉爲嬉笑之資則可若視以爲眞則上有牛後之主下有敝袴之臣如天下譏議何

史記沛公入咸陽諸將爭取金帛蕭何獨先入收丞相府圖籍

藏之以此得具知天下阨塞戶口多寡强弱之處及漢王如榮陽命何守關中計關中戶口轉漕調兵以給軍未嘗乏絶

錄曰此蕭何所見者大所以論功第一漢之天下根柢於是乎定矣彼責其不弛詩書之禁不收博士掌故之書者皆無案之辭懸揣之語也

初項羽與諸將約曰先入關者王之至是與范增疑沛公乃陰謀曰巴蜀道險秦之遷人皆居之然巴蜀亦關中地也故立沛公爲漢王沛公怒欲攻羽蕭何諫曰詘於一人之下而信於萬乘之上者湯武也願大王王漢中養其民以致賢人收用巴蜀還定三秦天下可圖也漢王乃遂就國以何爲丞相

錄曰項王止可以智取不可與力爭蕭何見之熟矣當其王漢之始而破秦㓕項立漢定楚胸中已有成算何其明於大計如此哉

漢王問韓信曰丞相數言將軍將軍何以教寡人信曰今東鄉爭天下非項羽乎其爲人也喑啞叱咤千人自廢然不能屬任賢將此特匹夫之勇耳見人恭敬慈愛言語喣嫗人有疾病涕泣分食飲至使人有功當封爵者印刓敝忍不能予此婦人之仁也且不居關中而都彭城放逐義帝所過無不殘滅名雖爲霸實失天下心故其强易弱大王誠能反其道任天下武勇何所不誅以天下城邑封功臣何所不服以義兵從思歸東之士

何所不散夫三秦王為將將秦子弟數歲矣欺其衆降諸侯至新安項王詐坑秦降卒二十餘萬唯獨邯欣翳得脫秦父兄怨此三人入骨今楚强以威王此三人秦民莫愛也大王入關秋毫無所害除秦苛法秦民無不欲得大王王秦者一舉而東三秦可傳檄定也漢王大喜自以為得信晚遂聽信計

錄曰此蕭何所以必用韓信者不在於追亾之日而在於胯下之初也夫玉汝於成天意雖不可知然以信之窮困受辱拂亂其所為亦已至矣能不動心忍性乎是故惟不甘匹夫之勇而後知三秦可破惟不屑婦人之仁而後知項羽可敵惟不沒養民致賢之義而後知丞相可事惟不棄設壇拜將

之禮而後知漢王可臣如此卓識漢廷能有幾人哉

按漢祖得天下之機全在入關時除秦苛法蓋取天下在天時地利人和關中百二形勝無匹加以秦民唯恐不爲之主人心若此天意可知即良平不贊一辭蕭何不進一策而帝自出己意豁然行之自是君臨天下氣度項羽雖百人勸之阻之豈可及哉羽見長安殘破煨燼狼藉遂起衣錦晝行之思而委百二金湯於三降將之手後雖屢戰屢勝而關中不搖饋餉無乏之終以是敗其天亾之兆亦在燒秦宮室失人心失地利故爾倘羽定都關中保安百姓漢雖智其能東出邪議者謂羽立義帝原非眞帝故稱懷

王言因懷王故而立也范增亦爲其所愚而不覺然在羽

初心未必有此機變特因往事而甚之云爾

張良爲韓報仇乃狙擊始皇始皇怒大索十日不能得良乃更名姓亾匿下邳嘗步圯上有一老父至良所直墮其履圯下顧謂良曰孺子下取履良强忍取之父又曰履我良因長跪父以足受履笑曰孺子可教與之期後五日平明會此良往父已先在怒曰與老人期後何也去再後五日早會雞鳴良往父又先在復怒曰何後也去再後五日復早來良夜未半往有頃父來喜授以編書曰讀此爲王者師後十年見我濟北穀城山下黃石即我矣遂去無他言視其書乃太公兵法也

錄曰張良之與豫讓其始豈相遠哉世殄暴興晝剽巷奪專諸曹沫之戈聶政荊軻之匕藉鬪於時以相如之賢猶欲五步之內血濺秦王其風聲氣習所由來久矣天厭人怒圯上者出以爲漢敺除子房始知沉計恐辱善藏其用卒以智稱故由前而觀子房如未鍛之鋼未淬之刄豈能免於徒割由後而觀子房如處女之軀脫兎之距不可罥於羈靮矣

良素多病相從沛公入關嘗導引不食穀及天下已定封留侯乃辭去漢曰家世相韓及韓滅不愛萬金之資爲韓報仇今以三寸舌爲帝者師封萬戶侯此布衣之極於良足矣願棄人間事從赤松子遊

錄曰自聖賢之世遠而後君子進退出處之閒恒用智而任術也夫伊之訓曰臣罔以寵利居成功周公之爻曰亢龍有悔此聖賢之學也退而囂囂自得與赤舄几几此聖賢之道也自三聘以至反政自居攝以至告老何莫非斯道乎三代往矣權謀功利之學所志者何事往往知進而不知退知存而不知亡故劉見子房之事以爲希曠超絶眞若脫屣邁世者而不知其用智任術亦已多矣蓋黄石之說曰安莫安於忍辱吉莫吉於知足斯言也雖不全合聖賢之旨要視彼不能見幾明决若韓彭周勃者不大有閒乎設使不遇其人吾見博浪之謀迂於謝病之策其去菹醢將不遠矣

按黃石一書本道家言其原出於老氏大約以退爲進故其言曰大智若拙大巧若愚又曰將飛雌伏將蟄蠖曲初良之在博浪沙也自謂輕於一擲可以復五世之讐旣昧保身之哲亦鮮識時之幾圯老故爲屈辱之以遏其一往無前之氣卒之功成名立善始善終書曰必有忍其乃有濟良固得力於忍以成其智者與若夫導引之說不知起自何人後魏時有道士寇謙之自言曾遇老子授以辟穀輕身之術崔浩怵於其言獨師事之罄力造靜輪寺而不免族誅之慘誕可知矣夫五穀天之所以養人而彼曰今人夭肉食古之所以養老而彼曰能殺人將率天下廢棄

飲食以冀長生而反速其死以是曰智可不可乎後人且謂陰符經當與周易同用則尤妄矣

帝置酒洛陽南宮謂羣臣曰徹侯諸將毋敢隱朕所以有天下者何項氏所以失天下者何王陵對曰陛下慢而侮人項羽仁而愛人然陛下使人攻城畧地因以與之與天下同其利項羽妬賢嫉能有功者害之賢者疑之此其所以失天下也上曰公知其一未知其二夫運籌帷幄之中決勝千里之外吾不如子房鎮國家撫百姓給餉餽不絕糧道吾不如蕭何連百萬之衆戰必勝攻必取吾不如韓信三者皆人傑吾能用之此所以取天下也項羽有一范增不能用此所以爲我禽也

錄曰程子曰天地之常以其心普萬物而無心聖人之常以其情順萬物而無情然則非無心也以一人之心爲千萬人之心何人不可有哉亦非無情也以一人之情爲千萬人之情何物不可用哉漢高雖不幾於聖人而一時崛起頓使天爲之淸地爲之寧苟非豁達大度從善如流脗合於廓然大公物來順應安能事事周之人人察之乎若乃自用以爲智而不合衆心不通衆志者此天之所棄非但人之所禽也

高后崩呂祿呂産欲爲亂而憚絳侯朱虛等猶豫未决絳侯使酈寄紿說呂祿以兵屬太尉太尉入軍門令曰爲呂氏者右袒爲劉氏者左袒軍中皆左袒太尉遂將北軍分部悉捕諸呂男

女無少長皆斬之

錄曰人皆謂太尉之問非是或爲之危或爲之幸竊意太尉必先爲之所而後問也何以知其然乎曰即酈寄之紿說而知其然也夫陳涉一匹夫耳其將起也猶預使人叢祠中呼曰陳涉王然後人皆從之矧平勃之智哉是時朝廷根據前後左右無非呂氏之人所恃者六軍而已况又未敢訟言誅之則人安知順逆之所向哉惟一左袒之問而逆順判然其可見矣然後人皆知呂之當誅劉之當正前後左右紛然解體豈非交驩相結之深計與

按張辟疆年僅十五位列侍中乃敢首倡封諸呂將南北

軍之議使兵柄盡入產祿之手平勃爲國重臣輕信黃口之言不顧天下大計他日閒居深念計無復之向非陸賈獻謀酈寄行間襄平之節不矯典客之印不屬雖百平勃如呂氏何哉良能取四老以定太子而辟疆無識反張呂氏之燄幾危社稷是良過於用智適以成其子之愚耳

文帝即位益明習國家事問右丞相勃曰天下一歲決獄幾何勃謝不知一歲錢穀出入幾何勃又謝不知汗出沾背上問左丞相平平曰有主者陛下即問決獄責廷尉問錢穀責治粟內史上曰君所主者何事平曰宰相上佐天子理陰陽順四時下遂萬物之宜外鎮撫諸侯內親附百姓使卿大夫各得任其職

帝稱善於是絳侯自知其智不如平乃謝病請歸

錄曰平之言眞宰相職也帝已知之矣獨不能責其實乎責其實獨不思得其人乎惜乎帝之智無以及此也嘗求其故矣高宗恭默思道所務者學也學故知之非艱行之惟艱謂求有益於得也文帝玄默化民所慕者老也老故知雄守雌知白守黑謂求無益於得也是故武夫悍將材官蹶張之徒而臨以質美之主其施爲氣象反拜下風而仰餘光何以責其坐而論道乎然則咸有一德與夫思兼三王非故爲是表異也不如是不足以佐天子也

按人非賢聖未免有媢嫉之心見拙於我者揚之則我之

能益顯而於勝已者或疑之忌之慮其掩我名而出其上也今勃之與平各有所長本不相掩乃勃自知智不如平謝病免相抑何輕大位若脫屣永交驩如金石耶夫宰相所主平不能言之平究未嘗能行之勃既休休有容避賢者路豈真智出平下哉或謂勃不能容一賈誼烏能薦賢考史勃當文帝二年罷相是冬陳平卒勃即復相明年旋罷代者灌嬰又明年就國遂罹下獄之辱三載之間席不暇暖何能旁及於誼上議以賈誼任公卿之位大臣多短之史不明言短者何人豈容懸擬風俗通載劉向謂成帝曰鄧通爲大中大夫誼與俱侍中時庭諷之兩不相能誼之

不安於朝通之咎也宋景文亦云賈生思周鬼神不能救

鄧通之譖可以作千古之証矣

陳平嘗從征伐凡六出奇計一請捐金行反間二以惡草具進楚使三夜出女子二千人解滎陽圍四躡足請封齊王信五請僞遊雲夢縛信六解白登之圍

錄曰臨危制勝料敵設奇者一時之事也所謂一將之智則有餘也代天弘化燮理陰陽者不世之事也所謂萬乘之才則不足也此帝之論相徒有其名而無實者也

按高祖之戮信醢越皆平甘心左右之也尤善媚呂幾致覆劉歷觀六出之計亦無他奇不過用詐欺以愚人至以

惡草具進楚使淺露尤甚幸值項王之粗心負氣者爾設遇英智之主能不益堅增之聽信邪平自言我多陰謀必招陰禍及曾孫何坐畧人妻棄市國除不惟天道可畏乎亦何嘗無自知之明哉

武帝時汲黯多病莊助爲請告上曰汲黯何如人哉助曰使黯任職居官無以踰人至其輔少主守成深堅招之不來麾之不去雖自謂賁育不能奪之上曰然古有社稷臣如黯近之

錄曰武帝異日托孤所以獨得其人也夫知之眞而後任之篤寧俞之愚王陵之戇苟非眞知孰能有濟乎不愚不戇見害則避見利則趨又何待招之使來麾之使去邪唐太宗惟

不知蕭瑀李勣之眞故寄命之際取其才智而畧其節行然
則弘式兒寬之流助已易而畜之矣其於社稷乎何有
鉤弋夫人之子弗陵年數歲形體壯大多智上奇愛之察羣臣
惟奉車都尉霍光忠厚可任大事乃使黃門畫周公輔成王朝
諸侯圖賜光及上病篤光涕泣問曰如有不諱誰當嗣者上曰
君未諭前畫意邪立少子君行周公之事乙丑詔立弗陵爲皇
太子以光爲大司馬大將軍光出入禁闥二十餘年小心謹慎
未嘗有過爲人沉靜詳審每出入下殿門進止有常處郎僕射
竊識視之不失尺寸
錄曰帝之任光蓋得於助之論黷可以見知人之明矣夫托

六尺之孤者光之忠厚小心力能辦之苟無廢昌之變立宣之權光豈不爲全人乎使黷當其時遭其事吾知倘不能容人之過其能容巳之過乎碏與磾之事其所優爲者矣矧於淮南寢謀而妻子獨不能窒其欲邪帝有以知光而光不能副帝此又黷之罪人也

按史稱漢武帝立子弗陵而殺鉤弋夫人爲昭然遠見嗚呼天下豈有無毋之國哉因噎廢食因蹶截足帝之所以防患者疎矣夫以霍光之忠勤托孤可也上官桀何如人者而亦同受顧命使桀謀得成燕倉弗覺燕王立而漢事尚可爲哉則危漢者不在帝所殺之人而在帝彌留付託

者也厥後拓跋氏倣之爲家法欲立其子先去其母使人不樂有其子而子不樂其爲君也豈非帝之作俑與若北朝慕容恪輔少主而國不疑誅慕輿根而衆不忌功崇位極常有退然之色過博陸遠矣

上官桀之子安之女卽霍光外孫安因光欲內爲后光以其幼不聽安遂因帝姊蓋長公主內入宮立爲皇后年甫六歲於是桀安深怨光知燕王旦以帝兄不得立怨望乃令人詐爲王上書欲共執退光書奏光聞之不入上問大將軍安在桀對以王告其罪不敢入有詔召大將軍光入免冠頓首上曰將軍冠朕知是書詐也將軍調校尉未十日王何以知之時帝年十四尚

書左右皆驚而上書者果亾後桀黨有譖光者上輒怒曰大將軍忠臣先帝所屬以輔朕毀者坐之自是桀等不敢言

錄曰人皆謂慧者不壽豈壽者不慧乎葢人之所得於天有厚而淸者有淸而薄者自誠明謂之性自明誠謂之教誠則明矣明則誠矣此得其厚而淸者故悠久無疆也琉璃之爲寶非不瑩然照也晶玉之爲器非不皎然白也然得其淸而薄者故觸之即碎也是其明雖同而誠則異此漢昭之所以止於是乎

宣帝時趙廣漢爲京兆尹善鉤距以得事情郡中盜賊閭里輕俠其根株窟穴所在及吏受取請求銖兩之姦皆知之長安少

年數人會窮里空舍謀共劫人坐語未訖廣漢使吏捕治具服富人蘇回爲郎二人劫之有頃廣漢將吏到家立庭下使長安丞龔奢叩堂戸曉賊曰京兆尹趙君謝兩卿無得殺質此宿衞臣也二人驚愕又嘗召湖都亭長西至界上界上亭長戲曰至府爲我多謝問趙君亭長至廣漢與語問事畢謂曰界上亭長寄聲謝我何以不爲致問亭長叩頭服實有之廣漢因曰還爲吾謝界上亭長勉思職事以自效京兆不忘卿厚恩其發姦擿伏如神鉤距者如欲知馬價則先問狗已問羊更問牛然後及馬參伍其直以類相準則知馬之貴賤自不失實

錄曰愚聞諸先正曰仁可過智不可過告訐之俗鉤距之情智之過也智之過不得謂之如神矣况加以專厲強壯蠭氣

見事風生乎此正自取殺身之道於人無尤也

按漢宣綜核名實故廣漢希旨發姦摘伏如神班史極稱之然循吏傳不及京兆而先頴川可知吏治所尚矣究之轉移在上此風一開沿成東漢之治故均漢吏也在文帝時則渤海吳公舉第一在武帝時則上黨義縱舉第一相距何翅鷹鸇鸞鳳武帝之知人愧義姁多矣宣帝時雖以頴川爲第一然刺烏攫吏肉及其處木可爲棺其亭豬子可以祭之類亦尙摘發特教化禮讓與廣漢殊故能躋相位得考終耳乃觀張敞毋得擅爲條教之疏鳳皇神雀飛集郡中之多恐未免王成之故智也

漢書竇融聞光武威德以河西隔遠未能自通隗囂使辯士說融曰更始事已成尋復亡滅此一姓不再興之效當各據土宇與隴蜀合縱高可爲六國下不失尉佗融召豪傑議其中識者皆曰今皇帝名姓見於圖書漢有再受命之符融遂决策東向帝賜融書曰今益州有公孫子陽天水有隗將軍方蜀漢相攻權在將軍舉足左右便有輕重以此言之欲相厚豈有量哉欲遂立桓文輔微國當勉卒功業欲三分鼎足連衡合從亦宜以時定天下未并吾與爾絶域非相吞之國今之議者必有任囂教尉佗制七郡之計王者有分土無分民自適已事而已因授融爲凉州牧璽書至河西皆驚以爲天子明見萬里

錄曰融之歸向去幽就明也帝之明見料事多中也有融之明而後有帝之見屯之初九曰盤桓利居貞竇融以之彖曰天造草昧宜建侯而不寧光武以之此所以終漢之世令名無窮彼隗囂者所謂乘馬班如泣血漣如不旋踵而亾也然則不但帝之明見萬里而聖人已明告萬世矣

光武以天下墾田多不實自占又戶口年紀亙有增減乃詔下州郡檢覈刺史太守多爲詐巧苟以度田爲名聚民田中并度廬屋里落民遮道啼呼或優饒豪右侵刻羸弱時諸郡各遣使奏事帝見陳留吏牘上有書視之云潁川弘農可問河南南陽不可問帝詰吏由不肯服抵言於長壽街上得之帝怒時皇子

東海公陽年十二在幄後言曰吏受郡敕當欲以墾田相方耳帝曰卽如此何故言河南南陽不可問對曰河南帝城多近臣南陽帝鄉多近親田宅踰制不可爲準帝令虎賁將詰問吏吏乃首服如東海公對上由是益奇愛陽

錄曰明非人主聖德邪然有斤斤之明有察察之明斤斤者明之盛也是故太陽當空萬方普照而隙光之小覆盆之末會未嘗屑意也察察者明之苛也是故燃犀照渚情狀畢露而淵魚之細潛伏之微或不能含置也雖然犀有物也明無物也以照渚則或明以映日則無光矣此漢明所以能辨吏牘之情而眛於楚獄之濫也夫

按優饒豪右侵削羸弱近臣近親田宅踰制此末世暴君汙吏上下積漸使然不意時當開創主值英明地近輦轂亦且如此此時州郡之政可想而知何以善後大都草昧之天下蜂蝟雜糅紕謬必多尚有史冊所不盡載者晦翁言朱粱不久而㓕無人爲彼掩藏故諸惡一切發見若積久自當掩去一半後世言無道者首推秦隋亦以此故直是窺破古今底裡具此識力始可與讀史

初光武在薊屬王郎起移檄購之乃令王霸募人於市將以擊郎遂趣駕出時天寒剡南馳至下曲陽傳聞王郎兵在後從者恐及至滹沱河候吏還白河水流斷無船不可濟官屬大懼光

武使霸往視霸恐驚衆欲且前阻水還即詭曰氷堅可渡官屬皆喜光武笑曰候吏果妄語也遂前比至河河氷亦合乃令霸護度未畢數騎而氷解因謂曰安吾衆得濟者卿之力也霸謝曰此明公至德神靈之祐雖武王白魚之應無以加此後謂官屬曰霸權以濟變殆天瑞也

錄曰所謂權以濟變者非詭道也事已屆乎危廹其幾間不容髮正豪傑用智之時設使踵候吏之言將不前阻水乎前乎李陵匈奴不敢逼後乎趙雲渾身俱是膽皆以此也若謂預知氷合以決天瑞則豈霸所能及哉

按晉時石勒侵劉曜至大名延津無船可渡值河氷偶結

衆遂得濟因名靈昌津事與光武畧同故勒聽漢書謂若遇光武當並驅中原未知鹿死誰手正恃此也夫勒在當時雖號英雄豈能比迹光武延津之結偶値耳若滹沱氷合眞所謂神靈佑之然以人召天詎可以天誇人邪

三國志瑯琊諸葛亮寓居襄陽隆中躬耕畎畝好爲梁父吟每自比管仲樂毅時人莫之許也司馬徽淸雅有知人之鑑同郡龐德公素有重名德公常謂孔明爲卧龍德操爲氷鑑故劉備在荊州訪士於司馬徽徽曰儒生俗士豈識時務識時務者在俊傑此間自有伏龍鳳雛備問爲誰曰諸葛孔明

錄曰愚觀諸葛孔明乃知東京所養不可以易而得也人徒

見黨人僇辱以爲仁賢之禍而不知顧厨俊及乃長清德之風至孔明能知靜以修身儉以養德非澹泊無以明志非寧靜無以致遠斯非龍德而隱者乎又曰學須靜也才須學也非學無以廣才非靜無以成學非終日乾乾者乎又曰慆慢則不能研精險躁則不能理性年與時馳意與歲去又非夕惕若厲者乎當時謂之臥龍良有以也然則三顧之勤乃作新久錮之氣而時務之識其好還標榜之稱也與

按萬善咸具於性故理性最爲切務性主於靜雖動中亦有靜理主靜則明自生而喜怒哀樂各得其中而不偏仕止久速皆當乎時而無疚故儒者性理曰存誠曰主敬不

過一靜而已所謂虛靈之體也反是而在所戒者曰險躁躁尤害事當其躁時無適而可聽言而躁則卽有嘉謨不暇詳察或反出急遽之言拒之則人悔其誤投必且終身緘口矣遇事而躁則心氣粗浮神思眩惑與人不辨是非作爲矯其中正必至瞀亂僨成貽患後日矣至險心一用變詐不窮心日勞神日瘁人僞滋長天良梏亾畢生在憂愁妄想中未嘗有一事之遂意一刻之泰然徒自苦而已性亦何由理哉孔明學探其源故言扼其要如此

備詣亮因屛人曰漢室傾頹姦臣竊命孤不度德量力欲信大義於天下君謂計將安出亮曰自董卓以來豪傑並起跨州連

郡者不可勝數曹操比於袁紹則名微而衆寡然操遂能克紹以弱爲强者非惟天時抑亦人謀也今操擁百萬之衆挾天子以令諸侯此誠不可與爭鋒孫權據有江東已歷三世國險而民附賢能爲之用此可與爲援而不可圖也荆州北據漢沔利盡南海東連吳會西通巴蜀此用武之國而其主不能守此殆天所以資將軍益州險塞沃野千里天府之土高祖因之成帝業劉璋闇弱張魯在北民殷國富而不知存恤將軍帝室之胄信義著於四海若跨有荆益保其巖阻外結孫權內修政理天下有變則命一上將將荆州之軍以向宛洛將軍身率益州之衆以出秦川孰不簞食壺漿以迎者乎先主曰善

錄曰愚觀孔明之言與收用巴蜀還定三秦天下可圖同一見也而不能恢復帝業何邪蓋高祖之時三傑並用其禽魏取代仆趙脅燕東擊齊南滅楚皆韓王孫功也觀其言曰多多益善則與剌顏良誅文醜者大有間矣今發縱指示固斯人也擊兎伐狐亦斯人也事豈能並濟哉加以操之用兵髣髴孫吳而區區之蜀忠老雲喪誰與共圖天下邪孔明能走仲達武亦晚矣此高祖所以嘆公知其一未知其二也

按高帝時三傑萃於一廷蕭何鎮國家養民以致賢韓信連百萬之衆戰勝攻取帝兼臣之故能混一天下至昭烈時孫曹各君其土各臣其人競長爭雄不能相下是猶三

傑畀分而昭烈徒恃一諸葛以兼蕭韓子房之任在國則難隨白帝之行出師又有饋餉不繼之患顧此失彼力難肆應烏能定於一哉設使昭烈能如高帝孫曹未始不臣而世以曹瞞悖逆短之夫姦雄遭逢末季時廹勢移漸致跋扈其初非遂有改玉改步之想也漢宣帝廷尉李种王平左馮翊賈勝胡等皆以忤霍光意下獄死褚少孫據嬰兒白燕之徵以大將軍系之黃帝之後意何爲者宋高宗時張扶請秦檜乘金根車議加九錫呂愿中率賓佐共賦秦城王氣詩檜未即死其所底亦何可意度邪

孫權謂呂蒙曰卿今當塗掌事不可以不學蒙辭以軍中多務

權曰孤豈欲卿治經爲博士邪但當涉獵見往事爾卿言多務孰若孤孤嘗讀書自以爲大有所益蒙乃就學及魯肅過潯陽與蒙論議大驚曰卿今者才畧非復吳下阿蒙蒙曰士別三日即更刮目相待大兄何見事之晚

錄曰古之學何爲乎美質易得至道難聞學之所以爲誠也爲信也今之學何爲乎事欲求可功欲求成學之所以爲欺也爲詐也是故孫權未勸之前良心未鑿機巧未生何能見其刮目呂蒙旣學之後狡智任數呈功計能非復吳下阿蒙矣然則非子明之受益乃雲長之嘗損乎

孫權與陸遜論周瑜魯肅及蒙曰公瑾雄烈膽畧兼人遂破孟

德開拓荆州邈焉寡儔子敬因公瑾致達於孤孤與宴語便及大畧帝王之業此一快也後孟德因獲劉琮之勢張言率數十萬衆水步俱下孤請諸將咨問所宜無適先對至張子布言宜遣使迎之子敬勸孤急呼公瑾付任以衆逆而擊之此二快也後雖勸我借荆州地是其一短不足以損二長子明少時孤謂不辭劇易果敢有膽而已及身長大學問開益籌畧奇至可以次於公瑾圖取關羽勝於子敬

錄曰權之言何其不情哉公瑾之成功一葦蜀君臣有以激之也不以爲恩而反以爲誚如是尚可釋琮而不擊乎來而不取反爲人借以借者爲短則借之者何如也甚矣權之爲

漢賊也至其巧於用譎不啻掩人之盜以爲勝於子敬克其類於穿窬之事猶可爲之何怪乎稱說天命媚於篡賊乎

晉書杜預以天下雖安忘戰必危勤於講武修立泮宮江漢懷德化被萬里錯置屯營分據要害以固維持之勢又修召信臣遺跡激用滍淯諸水以浸原田萬餘頃分疆刊石使有定分公私賴之號曰杜父舊水道唯沔漢達江陵千數百里北無通路又巴丘湖沅湘之會表裏山川實爲險固荊蠻之所恃也預乃開楊口起夏水達巴陵千餘里內瀉長江之餘外通零桂之漕南土歌之曰後世無叛由杜翁孰識智名與勇功

錄曰夫智名勇功誰不慕而欲識之哉書曰有其善喪厥善

矜其能喪厥功人惟智量淺狹是以不能知也夫平吳之役其造謀定議發縱指示者預也諸將徒能得走獸耳故嘗身不跨馬射不穿札非其驕貴之靡乃由博學多通耽思經籍所造益深故有善不伐有勞不施爾而安不忘危一言足以超出衆見豈徒濬與渾之不如華與預亦莫之及矣安能終損立功立言之本與嗚呼可以法矣

按平吳之功造謀定議惟預爲最大及既定之後猶不忘戰備勤於講武扼險轉運以致後世無叛之頌用心可謂密矣然沒世之後變起中朝干戈蝟集后主羣臣僇辱最慘謀定乎意中變生夫意外何哉蓋晉武自平吳以後怠

於政事極於躭樂後宮殆將萬人此外一無可紀開創之朝不殊末世譬之年少人即已齒落髮華春氣乘之何由克永所以然者自古創業之君必有積累功德而晉獨有積累之弒逆至炎四傳巨憝之餘氣强弩之末鋭矣故羊祜曰平吳以後方勞聖慮山濤曰外寧必有內憂何曾云每侍帝語不聞經國遠圖何以長世有識之士類能見微而預未聞出一讜論以附羣議雖殷勤補苴豈能免賢者之責備也邪

唐書太宗謂蕭瑀曰朕少好弓矢得良弓千數自謂無以加近以示弓工曰皆非良材問其故曰木心不直則脉理皆邪弓雖

勁而發矢不直朕始寤曏者辨之未精朕以弓矢定四方識之猶未能盡況天下之務其能徧知乎命京官五品以上更宿中書內省數延見問民疾苦及政事得失

錄曰古者工執藝事以諫其此之謂與弓工輪扁至今猶且稱之以其言之曲盡而且達於事理不可以淺近忽之也蓋木心不正則脈理皆邪君心不正則治道皆苟弓工之所見殆王魏之不若與太宗徒得其言而不得其所以言但能延問疾苦得失之所由而不能加慎於寡妻兄弟之所獨豈好問用中之可比哉

上問魏徵曰人主何爲而明何爲而暗對曰兼聽則明偏信則

暗堯淸問下民故有苗之惡得以上聞舜明目達聰故共鯀驩兜不能蔽梁武偏信朱异以取臺城之辱煬帝偏信虞世基以致彭城閣之變是故人君兼聽廣納則貴臣不得壅蔽而下情得以上通上曰善

錄曰離之爲卦也明兩作故爲文明之象明夷之卦也明入地中故爲幽暗之象此兼聽偏信之所由分也以是爲訓猶有信楊國忠以成天寶之難信盧杞以啟建中之亂信李訓鄭注以致甘露之變者人主之明豈易得哉

按兼聽廣納即明目達聰遺意然握要全在乎己而他人莫能與焉何也已能辨别貞邪則一齊人傳之卽衆咻自

不足恤如晉武偏聽羊祜唐憲偏聽裴度此亦何害苟或不然則如衞嗣君愛泄姬重如耳又慮其以愛重壅已也乃貴薄疑以敵如耳尊魏妃以偶泄姬欲以是相參是胸中漫無主宰是非各執一見獨用恐近乎偏兼用又難遽斷從來調停之說原非盛時美政而兩存其說以待折衷亦豈善事之道哉故兼聽亦必仍歸一是毋淆亂乎羣言以窒正人之論斯可耳然非平素窮理之至安得到此

上問房玄齡蕭瑀曰隋文帝何如主對曰文帝勤於爲治每臨朝或至日昃五品以上引坐論事衞士傳餐而食亦勵精之主也上曰文帝不明而喜察不明則照有不通喜察則多疑於物

事皆自決不任羣臣天下之廣一日萬幾雖復勞神苦形豈能
一皆中理羣臣既知主意唯務取決受成雖有愆違莫敢諫爭
此所以二世而亡也朕擇天下賢才寘之百官使思天下之事
關白宰相審熟便安然後奏聞有功則賞有罪則刑誰敢不竭
心力以修職業何憂天下之不治乎因勑百司自今詔勑行下
有未便者皆應執奏毋得阿從不盡己意

錄曰帝之言其君人之規鑒與夫不明而喜察後世之通弊
也是非不可以一人掩而惟憑己之可否則是非淆矣善惡
不可以一人決而惟恣己之好惡則善惡惑矣刑賞不可以
一人斷而惟私己之與奪則刑賞失矣是故以不明自諉而

責成於人猶可言也以苛細自矜而動凝於物不可言也蓋萬幾至大而心思之所量者小兆民無窮而耳目之所及有限也故已有不便而令百司執奏則已無偏重之患矣人有未知而能選賢任能則人無廢事之憂矣此貞觀之治庶幾可稱後之人君其諸念之哉

房玄齡明達吏事濟以文學用法寬平聞人有善若已有之不以求備取人不以己長掩物與如晦引拔士類常若不及至於臺閣規模皆二人所定上每與玄齡謀事必曰非如晦不能決及如晦至卒用玄齡言蓋玄齡善謀如晦能斷二人深相得同心徇國故世稱賢相者必推房杜

錄曰愚觀唐之房杜與漢之良平不同足未見其躡耳未見其附而史稱善謀何也曰此善藏其用者也夫唐之太宗視漢之高祖其豁達大度固不同矣以帝之神采英發舉世皆拜下風使爲房杜者畫一策則挾爲已長運一籌則矜爲已有如良平之自見豈能始終其業哉今觀玄齡之謀如晦之斷所謂邦有道則智者非與

按成事惟在好謀而斷尤在協恭而和兩雄不並棲兩才難相比惟休休有容之相始能相得益章葢孤立則有寡助之慼獨成亦有自專之嫌若此倡彼應人發我收二人同心其利斷金天下豈有難成之事哉是知如晦非不能

謀也有玄齡而可讓其始玄齡非不善斷也有如晦而何慮其終亦猶鄭國辭命歷更四人之手以成不求其備而人留有餘之心思各盡所長而人始悉心於酬對則唯執政之子產能協恭而和焉房杜在唐有子產之風首推賢相宜矣

上謂長孫無忌等曰人若不自知其過卿可為朕明言之對曰陛下武功文德臣等將順之不暇又何過之可言上曰朕問公以己過公等乃曲相諛說朕欲面舉公等得失以相戒而改之如長孫無忌善避嫌疑應物敏捷決斷事理古人不過而總兵攻戰非其所長高士廉涉獵古今心術明達臨難不改節當官

無朋黨所乏者骨鯁規諫耳唐儉言辭辯捷善和解人事朕三十年遂無言及於獻替楊師道性行純和自無愆違而情實怯懦緩急不可得力岑文本性質敦厚文章華贍而持論恒據經義自當不負於物劉洎性最堅貞有利益然其意尚然諾私於朋友馬周見事敏速性甚貞正論量人物直道而言朕比任使多能稱意褚遂良學問稍長性亦堅正每寫忠誠親附於朕譬如飛鳥依人人自憐之

錄曰帝之始也欲聞已過而及羣臣其終也徧舉羣臣而忘已過至他日之評魏武乃曰臨危制勝料敵設奇一將之智有餘萬乘之才不足嗚呼合而觀之可以見帝之得失矣又

何必曲相諛說哉

德宗詔郭子儀還以李光弼代之士卒涕泣遮中使請留子儀紿之曰我餞中使爾未行也因躍馬去光弼以騎五百馳赴東都夜入其軍兵馬使張用濟與諸將謀以精銳突入東京逐光弼請子儀命其士皆被甲上馬以待康元寶難之曰君以兵請令公朝廷必疑此令公諷君爲之是破其家也郭氏百口何負於君而爲此用濟乃止

錄曰宋岳飛之班師與郭令公之躍馬其意正同有謂其忠而迂者以將在軍君令有所不受宜待中原克復而後聽命其與用濟之謀何異止足爲老儒經生之談爾假使飛不從

君命能保將士之盡從飛命乎

宋史太祖未嘗爲學晚好讀書然性豁達不事矯飾京城新宮成御正殿坐令洞開諸門皆端直軒敞無有壅蔽因謂左右曰此正如我心少有邪曲人皆見之矣又嘗謂宰相薛居正等曰古之爲君鮮能正心自致無過之地朕嘗夙夜畏懼防非窒欲庶幾以德化人之義如唐太宗受人諫疏直詆其失曾不知悔何如不爲之而使臣下無閒言哉

錄曰虞書之人心惟危非與欲也中庸之不覩不聞戒與慎也帝之胸次可與玩於千仞高明之上夫何間然之有哉以唐太宗能受盡言尚爲慚恥矧於餙非文過者乎後世無能

及矣

按宋祖豁達心如洞開重門自非虛語觀其與石守信王審琦飲酒從容披露心腹明白相告畧無隱諱可見盖三代以下得天下者有三而唐宗能將兵漢高善將將或功專在君或君臣功半惟宋取天下功專在下功大而不震主何哉唯恃將之以誠諭之以情故上下之猜疑俱釋也德宗唐之猜主李泌謂曰李晟馬燧有大功於國惟陛下坦然待之有事則出征伐無事則奉朝請何樂如之臣對二臣亦嘗言此欲其不自疑耳當是時猜主改容二臣泣謝不踵懷光覆轍非泌之力有以善其終哉漢高稱豁達

大度而功臣無一保全烏能比蹤宋祖其間只在明言與
不明言此洞開重門所以成其爲大智也
太宗勤於爲學每臨朝後觀書自巳及申然後釋卷詔史館修
太平御覽一千卷日進三卷宋琪等以勞瘁爲諫帝曰開卷有
益不爲勞也朕欲周歲讀徧是書
錄曰先儒有言帝王之學與經生異竊以爲經生亦當體認
性情博求理趣至於誇多鬬靡徒勞無益若太祖之於二典
不惟能讀而又能行繼世之後所當取法乃修太平御覽一
書支離破碎無裨實用雖多至千帙日進三卷果何益哉宜
乎田錫之不取也

按春秋有宋宣讓國而弟穆公仍致位於姪殤公者戰國有趙襄子爲伯魯之不立必欲傳位其子代成君及代成蚤隕復取伊子浣立爲太子者元魏河南王平原讓爵與弟鑒鑒俟其子顯年壯遜位歸之南唐李璟約序立景遂景遂終傳與姪煜皆執義守信勿替前盟載之史乘照耀千古太宗以正統致治之明辟集經彙史朝夕省覽顧乃違愧諸人何邪豈纂葺者慮觸忌而不之錄邪抑錄入而不一動心邪徒取糟粕無裨實用雖多亦奚以爲

田錫耿介寡合多智好禮嘗奏舊有御覽但分門事類無益聖心臣請別爲御覽又集經史切要之言爲御屏風置扆座側其

御覽序曰聖人之道布在方冊六經則言高指遠非講求討論不可測其淵深諸史則迹異事殊非參會異同豈易記其繁雜子書則異端之說勝文集則宗經之辭寡非類精義以爲鑒戒舉綱要以觀會通爲日覽之書資日新之德則雖白首未能窮也御屏風序曰古之帝王盤盂有銘几杖有戒蓋起居必覩而夙夜不怠也臣每覽經史子集取其語要輙用進獻日夕觀省則聖德日新與湯武比隆矣

錄曰愚觀漢宋二祖皆未嘗爲學而能不失帝王之範圖唐宋二宗皆攻苦博學而反不免後世之訾議何也豈非所務在於博聞强記而不切於格物致知故其所就亦止於文辭

討論而不關於正心誠意乎眞宗徒能嘆美田錫以爲天奪之速不能盡力章疏以收直諫之功何況一屏風之置哉雖別爲御覽亦徒然矣

趙普少習吏事寡學術太祖勸其讀書遂手不釋卷每歸私第闔戶啟篋取書誦之竟日及次日臨政處決如流既卒家人發篋視之則論語二十篇也嘗謂帝曰臣有論語一部以半部佐太祖定天下以半部佐陛下致太平

李沆嘗讀論語或問之沆曰身爲宰相如論語中節用而愛人使民以時尚未能行聖人之言終身誦之可也

錄曰趙忠獻之讀論語可謂後然自負矣然不知虎兕出柙

玉毀櫝中是誰之過所以舍曰欲之而必爲之辭也李文靖之讀論語可謂歉然自損矣然實能居之無倦行之以忠所以夫人不言言必有中也嗚呼若人也其所先見謂之智其所不欺謂之仁兼以終身誦之謂之勇合之聖言豈非不憂不惑不懼者與

按論語分第不知何所自起止因卷帙浩繁借此聊爲段落而普謂以半部定天下半部致太平茀思定天下與佐太平有二道論語一書有二理乎劉下半部內有大臣以道事君之語無心理會而於鄙夫患得患失之狀曲意參求欲以結歡太宗而肆毒於德昭廷美則其所讀何書邪

漢張禹從瑯琊王陽膠東庸生受論語爲天子師而附王氏自古刀筆吏一旦得志輒欲謂詩書以自文其疎陋徒爲士大夫所掩口其亦不智之甚者矣

王旦參知政事以西北用兵或至旰食嘆曰安能坐致太平優游無事邪沆曰少有憂勤足爲警戒他日四方寧謐朝廷未必無事旦不以爲然沆又日取四方水旱盜賊奏之旦以爲細事不足煩上聽沆曰人主少年當使知四方艱難不然血氣方剛不留意聲色則土木甲兵禱祠之事作矣吾老不及見此參政他日之憂也沆没後眞宗以契丹既和西夏納款遂封岱祠汾大營宮觀蒐講墜典靡有暇日旦親見王欽若丁謂等所爲欲

諫則業已同之欲去則上遇之厚乃知沆先識之遠嘆曰李文靖眞聖人也當時謂之聖相

錄曰自商書聿求元聖之後孰有稱聖相者哉沆之先知洞若筮龜灼見身後終宋之世一人而已

按眞宗溺於王欽若丁謂好道之言踵秦皇漢武故事舉封禪迎天書待制孫奭諫曰天何言哉豈有書也近世羽人簪客稱道家者流並皆托名老氏夫老子爲柱下史見三墳古書甚多節錄其要爲五千言自唐玄宗改定章句始以道德分上下經今其書具在何嘗有一及於祈禳禁禱諸事其道教之起乃漢順帝時有張道陵者客蜀修煉

鳴鶴山善作符籙驅役鬼神陵子衡衡子魯以法相授受
用陽平治都玉印自號師君目其衆曰鬼卒會黄巾反魯
遂據漢中其四世孫曰盛來者居信州龍虎山相傳道陵
當桓帝時年百二十歲白日上升自古魂升於天魄降於
地縱曰九轉丹成凡夫軀殼止可棄如敝屣焉有白日上
升之理此其誕妄明甚唐時崇奉老子爲玄元皇帝並用
道士李國禎言始稱道陵爲漢天師於是其教大起元世
祖初常遣所親王姓者渡江不得達欲歸懼誅乃從農家
籙得張氏書一册以獻謬言臣過龍虎山見嗣漢天師能
前知語臣曰殿下入正宸位而宋亡天下可一因授臣書

爲信世祖大喜及即位召其三十六代孫宗演至謂曰卿曩與王先生言驗矣宗演愕眙不能對世祖語之故乃詭言是年臣未嗣教故不知於是賜號演道靈應冲和眞人主領江南諸宮觀事佩銀印二品世襲有明至今沿之相承旣久其子孫徒知享高爵擁虛名舉所謂度籙頒符諸法尚且塊然無知剟此五千言者何嘗窺見萬一哉先是三逆之變也蔓延江西土寇蠭起焚燬上清宮刼去玉印不憚重貲贖還于藩監司共周其困乏彼法有靈何不自保而受制於賊若此乎蓋自漢成帝好事鬼神谷永極言其左道亂政唐憲宗惑於道術當時李藩之對裴潾之諫

皆千古至論而竟以張氏子與孔聖裔並垂弗替惜無有

起而正其非者

沆應接賓客常寡言外議以爲無口匏弟維乘間爲言沆曰吾非不知也然今朝廷大小之臣皆得言事上封論奏了無壅蔽及下有司皆得見之若邦國大計如李宗諤趙安仁皆時之英秀與之談論猶不能啟發吾意自餘通籍之子坐起拜揖尚周章失措即席必自論功最以希寵獎此有何策而與之接語哉苟屈意妄言即世所謂籠罩之事僕未能也

錄曰愚觀沆之所言莫不曲盡後生情狀所稱籠罩者乃外示虛文中無實意其於世俗常態形容極爲親切廼知聖相

之智無不知也然則人豈可僥倖於市童之憐而甘心於識者之鄙邪

陳恕久領三司真宗初卽位嘗命條具中外錢穀之數恕久不進詔趣之對曰陛下富於春秋若使知府庫充實恐生侈心故不敢以告帝嘉其識

錄曰恕以心計任職本無足取然帝之侈心彼窺之已熟使恕而在天書之詐必不肯爲且不足以望其肩背矣

曹彬克江南歸蕭然行李惟圖籍衣衾而已閤門進榜子曰奉勅差往江南勾當公事回還時人嘉其不伐初彬之伐唐也帝謂曰俟克李煜當以卿爲使相潘美預賀彬曰不然是行也仗

天威遵廟謨吾何功哉況使相極品乎美曰何謂也彬曰太原未平爾及還獻俘帝曰本授卿使相然劉繼恩未下姑少待之美視彬微笑帝詰之美以實對帝亦大笑賜彬錢五十萬彬退曰人生何必使相好官不過多得錢耳至是乃拜樞密使

錄曰彬之智識而可少哉以馬援而有梁松之謗以王濬而有周浚之書君子居功之際不可以不慎也雖然彼拔劍擊柱攘臂奮拳尚不能止區區使相曾無足介詩不云乎不忮不求何用不臧彬之與美可謂交相得矣

按李日華菲書鈔載武惠下江南之日軍營開宴南唐樂人數輩撫樂器大慟奏不成曲怒而殺之今所埋處名樂

官山後人弔之云城破轅門宴賞頻伶倫執樂泪沾巾駢頭就死緣家國愧殺南歸結綬人由此觀之豈不戮一人故是虛語邪

張詠知益州時民訛言有白頭老翁午後食人一郡囂然公訪於市肆得造言之人誅之卽日帖然論曰妖訛之興沴氣乘之妖則有形訛則有聲止訛之術在乎識斷不在厭勝又方兵火之餘人懷反側一日合軍大閱衆始出忽嵩呼者三公亦下馬東望呼萬歲復攬轡行衆不敢譁或以告韓琦琦曰當是時某亦莫能措也嘗謂李畋曰大小之事皆須用智智猶水也不流則腐若凡百不用智則臨大事之際寧有智來又曰臨事有三

雖一能見二見而能行三當行必果決

錄曰自孟子言穿鑿之後忠定之言其吃緊已乎夫智不可鑿亦不可窮不順則鑿不流則窮循理爲順不竭爲流是故止訛之術斷之聚也攬轡之呼敏之輿也不斷不敏智之賊也失此三者一人不可治一步不可行矧天下大事乎

按仁智勇三者其德分爲五常其用歸於一致然喣嫗非仁喑嗚非勇韓王孫亦能辨之至於智之爲德不但小作聰明自矜坐照不可謂智卽明於細而不明於大明於近而不明於遠明於寡而不明於衆明於暫而不明於久明於已然而不明於未然明於究竟而不明於緣起明於故

常而不明於猝變皆不得謂之智也當訛言之興必有一人始之而嵩呼之禮凡爲臣子行之已熟特慮訪之不得其眞一時無以驟應所貴乎大智者廓然如鏡之虛湛然如水之靜靜則生明虛則受照存養在平日決幾在臨時是豈私智小慧不由性分中流露者哉觀忠定之三難可謂以智而兼仁勇者矣

契丹寇澶州帝大駭寇準進曰陛下欲了此不過五日耳願帝幸澶州同列聞之懼有欲退者準止之令候駕起帝亦難之將還內準懇留曰陛下入則臣不得見大事去矣畢士安力勸帝如準請帝召羣臣問方畧王欽若臨江人請幸金陵陳堯叟閬

州人請幸成都帝復問準準心知二人謀若陽爲不知者乃曰誰爲陛下畫此策罪可誅也今陛下神武將臣協和若大駕親征敵當自遁不然出奇以撓其謀堅守以老其師勞佚之勢我得勝算奈何棄廟社欲幸楚蜀遠地所在人心潰散敵乘勢深入天下可復保邪帝乃決計幸澶州

錄曰澶淵之役準其眞以君爲孤注哉契丹窺宋已非一日準之修備亦在平時勁兵宿將如王超李繼隆石保吉等並分處要害以聯其勢以塞其衝已而急書一夕五至同列皆惶恐悸怖準獨聞變即勸親征如箭之離弩勢不得留使非尋常無事之時精思預計烏能整暇若此訖成大功哉近時

土木之事本無素定之經營而冀效準之故轍僥倖一試自
取喪敗將何所歸咎也

帝至澶州南城望見契丹軍勢甚盛衆請駐蹕寇準固請曰陛
下不過河則人心益危敵氣未懾非所以取威決勝也衆皆懼
準力爭之不決出遇殿前都指揮高瓊曰太尉受國恩今日有
以報乎對曰瓊武人願効死準乃復入瓊隨立廷下準厲聲曰
陛下不以臣言爲然試問瓊等瓊即仰奏曰寇準言是麾衞士
進輦帝遂渡河御北城門樓遠近望見御盖諸軍皆踊躍呼萬
歲聲聞數十里契丹氣奪帝悉以軍事付準準承制專決號令
明肅士卒畏悅不欲賂以貨財欲擊之使隻輪不返也時帝方

厥兵乃曰吾不忍生靈重困姑聽其和

錄曰宋之澶州即今之大名也宋都汴京相距未爲遼遠契丹侵定州攻保州又攻順安軍北平砦殆無虛歲宋旣有魏能石普敗其前田敏王超拒其後故每與宋師戰小郄即引去徜徉無鬬志而澶淵之役又得寇準獨當其鋒乃眞宗一則曰許和二則曰厥兵至議歲幣且曰必不得已雖百萬亦可班之史冊豈皆溢詞哉況漢唐和親惟守一策宋之誓書兼用二議曷不悉聞於朝俾君相擇而行之乎

按宋之澶淵與明之土木事實相類但萊公以謀定致勝王振以輕舉取辱雖然振與萊公豈可因事並論哉從來

忠心謀國之臣計慮深長不使纖毫未至以貽後悔觀眞宗臨行命王旦留守旦在準前奏言十日不捷何以處之眞宗良久曰立太子夫萊公獨倡親征之議諒必處分有素而文正猶然慮之蓋以乘輿一出廟社安危繫焉而可漫爲一試乎于謙之擁立郕王即文正遺意英宗得還惟郕王已立故也晉立懷而惠歸衛立叔武而成公歸國旣立君廟社有主將士方將奮勇樹功敵愾泄憤彼挾一人之虛名不足居奇非惟無利而且有害氣自索然不歸何待相如碎璧而璧全孟嘗棄珠而珠返公儀休曰夫唯嗜魚故不受魚倘倉皇急遽之衷見於辭色勢必受彼牢籠

多方牽制而事終不可遂矣當時英宗假能去王振之兇
　閹識于公之忠智處以樞機布置中外則閒居先預事之
　防臨敵運多勝之算澶淵已事何難再見於後邪
晏殊七歲能文景德初張知白安撫江南以神童薦之真宗召
入與進士並試殊神色不懾援筆成文帝嘉之每訪以政事率
用方紙小書已答并稿封上帝重其慎密有智擢知應天府延
范仲淹以教生徒生平善知人故當世名士如仲淹道輔皆出
其門而富弼楊察乃其壻也及爲相益務進賢後仲淹與韓琦
富弼皆得並用至於臺閣亦多一時之選帝奮然有意欲因羣
材以興治道至康定慶曆間朝廷號稱得人皆殊之力

録曰孟子曰智者無不知也當務之爲急宰相之職可不務知人乎始以神童薦終以知人顯並非私心自用苛察爲明者比其卒爲名臣不亦宜乎

按范文正爲元獻所薦故終身以師禮事之後雖名位相亞不敢少變書題門狀猶稱門生故元獻待之特厚守宛丘時文正過之留欵數日文正投詩有絳帳師資之句唯文正諫仁宗不宜與百官同列朝劉太后又請太后還政元獻大懼詰其狂率邀名將累薦者止此一節爾至歐陽公亦元獻所取士因爲樞密時置酒西園賦雪詩寓諷觸怒元獻遂大懷憾故文忠謝啟有云出門館不爲不舊受

恩知不爲不深然足跡不及賓階書問不通執事豈非飄
流之跡愈遠而愈疏孤拙之人易危而多畏則是得於文
正失於文忠知人之難雖元獻猶然也
范仲淹知延州先是各邊分兵詔總管領萬人鈐轄領五千人
都監領三千人寇至禦之則官卑者先出至是仲淹曰將不擇
人以官爲序取敗之道也因大閱州兵得萬八千人分六將領
之日夜訓練使更番出禦賊敵人聞之相戒曰無以延州爲意
今小范老子腹中有數萬甲兵不比大范老子可欺也
錄曰觀仲淹起家一書生而腹中數萬甲兵何自來哉此張
忠定所謂大小之事皆須用智者也即其更出番入非其變

通使然哉故人能用智則方寸化而不窮不能用智則一籌莫之能展是皆在我而已非有大小老子之别也

按司馬法出師則壯者在前老者在後振旅而還則老者在前壯者在後官卑先出韜畧所無雖致身衛主奮勇爭先原屬卒伍卑賤之分亦由爲將者誼同甘苦故能感發使然非强之先驅也近見逆賊逃遁僞守造詣軍營迎降徛下偏將率師先進每數十里輒各遞遣其屬前驅百夫長最卑不得已而深入周行無壘而後節次禀進雖持重老成以防叵測亦異於古之身先士卒者矣

狄青深沉有智畧初起行伍爲三班差使寶元初趙元昊反時

士卒畏怯青每臨陣被髮帶銅面具出入敵中無不披靡尹洙善之薦曰此良將材也仲淹授以左氏春秋曰將不知古今匹夫勇爾由是折節讀書悉通秦漢以來兵法及儂智高叛帝憂之青時爲樞副上表請行至廣南按兵止營令軍士休十日賊覘者謂未即進明日整兵馳一晝夜絶崑崙關出歸仁鋪大敗賊師按屍有金龍衣者衆謂智高已死欲上聞青曰安知其非詐不敢誣朝廷以貪功也青雖貴重面涅猶存嘗勅令除之自指其面曰陛下以功擢臣不問門第臣所以有今日由此涅爾願留以勸軍中後在樞府人有持狄梁公告身詰獻之以爲其遠祖謝曰一時遭際安敢自附梁公贈其人而遣之

錄曰智者發幾貴速轉移貴捷變無常形施無常露至於不貪僥倖不忌戮辱不冒虛名又皆達者之事有將如此不易得矣而尚不免卒之疑慮向使數者或犯一焉將終不免矣君子觀人不可不於其所忽也

神宗熙寧元年冬有事于南郊時執政以河朔旱傷國用不足乞南郊勿賜金帛司馬光曰救災節用當自貴近始可聽也王安石曰常袞辭堂饌時以爲袞自知不能當辭職不當辭祿國用所以不足者以未得善理財故也光曰善理財者不過頭會箕斂爾安石曰不然善理財者不加賦而用自足光曰天下安有此理天之所生財貨百物止有此數不在民則在官彼設法

奪民其害乃甚於加賦此蓋桑弘羊欺武帝之言耳爭議不已帝曰朕意與光同姑以不允答之會安石草詔引常袞事責兩府遂不復辭

錄曰昔畢仲游貽光書曰安石以興作之說動先帝而患財之不足故凡政之可以得民財者無不用蓋散青苗置市易者事也而欲興作患不足者情也苟未能杜其情而徒欲禁其事是以百說而百不行智哉斯言乎夫當宋之中葉太平全盛加以仁宗之恭儉英宗之繼體初未嘗有所損也而國用不足至郊恩未敷新君好勝豈不有以動其心乎帝之不允固所以深允之也是以古之聖君澹然無欲不求足然後

能無不足不求盈然後能無不盈彼以豐盈爲慮求足爲心者雖百計爭之我之說益遠彼之論益親然則安石非能投於帝帝自投於安石爾其與光之意同乎何有

按情在事先事由情作欲禁其事先杜其情然情隱於中無從測識大臣格非亦止引之當道使邪妄自息而已戰國趙烈侯好音欲賜歌者田人萬畝其相國公仲連不與爭執弟進善士三人講明舉賢使能節財察功之道而歌者賜田自止蘇明允論管仲謂齊國不患有豎刁易牙開方而患無仲誠得畜君要術議相臣大體舍此不務而用人行政事事爭之何裨於治哉

秉義郎岳飛犯法將刑宗澤一見奇之曰此將材也會金人攻
汜水澤以五百騎授飛使立功贖罪等升爲統制謂曰爾智勇
材藝古良將不能過然好野戰非萬全計因授飛陣圖飛曰陣
而後戰兵法之常運用之妙存乎一心澤是其言飛由此知名
乃上書言勤王之師日集宜乘敵怠擊之黃潛善汪伯彥輩不
能一意恢復奉車駕日益南恐不足繫人望願陛下乘敵穴未
固親帥六軍北渡則將士作氣中原可復坐越職言事奪官歸
詣張所所署飛中軍統領問曰爾能敵幾何飛曰勇不足恃用
兵在先定謀欒枝曳柴而敗荆莫敖采樵以致絞皆謀定也所
矍然曰君殆非行伍中人補武經郎

錄曰愚觀宗統制張招撫之識岳武穆也所於靖康中以蠟書冒圍募河北兵民得書喜曰朝廷棄我猶有一張察院能拔而用之應募者凡十七萬澤留守東京欲乘暑月自滑州渡河取懷衛濬相等州分路並進山砦忠義之民相應者不啻百萬而黃潛善汪伯彥日置根本於度外然則飛之越職正二公之奉職邪苟有如高光者納蕭何之說攬鄧禹之謀將不得爲元功乎徒負智勇之量卒同暗投之珠君子祇當咎已之幸與不幸不必責諸公之明與不明也

趙鼎與張浚並爲尚書左右僕射兼知樞密院事都督諸路軍馬是時鼎浚相得甚驩及命下史館校勘喻樗聞之曰二人且

宜同在樞府他日趙退則張繼之立事任人未甚相遠則氣脉長若同處相位萬一有不合或當去位則必更張是賢者自相背戾矣後果如樗言

錄曰喻子才之料事可謂多中矣夫蕭薨而曹顯丙先而魏後房謀而杜斷崇變而璟法雖曰協心同德而實繼美踵芳是以道義流於無窮功業著於悠久此後世所瞻仰也鼎與浚雖曰操心蹇蹇矣志在公觀其以飛之一言遂致乖忤因檜之厚貌輙加深信則未必盡忘己之義無我之心而自相背戾豈能保乎卒以他人之小嫌而成爾汝之不協子才之言不爲無徵矣

按趙鼎既去樞筦居常山子才往謁因諷曰公之事上當使啟沃多而施行少啟沃之際當使誠意多而語言少鼎奇之引爲上客因言張浚有重望起知樞密院事子才往來鼎浚間多所裨益嘗曰推車者遇艱險則相詬病及其止也復欣然如初君子之於國事亦若是而已其審時度勢之識不小宜其言必有中也

韓世忠懲岳飛之事遂以所積軍儲錢百萬貫米九十萬石酒庫十五歸於國上表乞骸自此杜門謝客口不言兵時跨驢攜酒縱遊湖山平時將佐罕見其面初得疾勑尚醫視療世忠曰吾以布衣間關百戰致位王公賴天之靈得保首領諸君尚哀

其死邪嘗戒家人曰吾名世忠汝曹毋諱忠字諱而不言是忘忠也特以抵排和議觸檜尤甚或勸止之曰今畏禍苟同他日瞑目豈可受鐵杖於太祖地下時大將多曲狥檜以圖苟全世忠與檜同在政地一揖外未嘗與談知人善奬部曲縲秉節旄臥家十年澹然自如若未嘗有權位者

錄曰湖山之樂在世忠則以爲智在君子獨以爲悲也夫自越王勾踐之臥薪甞膽也而後吳始亡自先朝京勔之恣意東南也而後宋始滅皆其所耳聞目擊者也柰之何爲君者不以雪耻除暴爲心爲相者反以讐功忌能爲事遂使英雄之將翻爲脂韋之臣竊圖苟全情豈得已哉雖能抵排和議

究皆空言無施然則太祖在天之靈果知不知哉

按蘄王起自卒伍洊登兩府用兵制勝與岳武穆名相亞即其致政之後處置條理事合機宜而能知進知退雖古來講道論德平素以賢人儒者自命而當榮祿之際貪戀權勢往往失據者多何能髣髴萬一蓋其根本忠孝智量過人非但懲武穆之禍而然也使自古有功之人皆能見幾而作不俟終日豈不君臣兩全後世稱美也哉

弘道錄卷之十六終

弘道錄卷之十七

明刑部員外郎仁和邵經邦弘齋學
皇清詹事府少詹事四世孫遠平補案

父子之智

孟子孔子曰唐虞禪夏后殷周繼其義一也

錄曰天下大器也先聖後聖何不同若是邪盖中天之世羣聖萃於一堂當其心法相傳見知聞知父不能得之於子此二帝所以不可繼也平成而後衆聖率多衰謝而且法制大備所因所革後不能有加乎前此三王所以不必禪也是有唐虞之揖讓而道統以開有夏殷周之繼世而治統以定此

正先天而天弗違後天而奉天時之義也
按史帝摯嗣位九年厥政微弱而堯佐摯封植始國于陶繼遷于唐並著德化由是摯率羣臣造唐致禪是禪不自堯舜始也炎帝神農八傳而至榆罔是傳子不自禹始也炎帝榆罔侵凌諸侯諸侯叛之軒轅修德治兵教熊羆貔貅貙虎與榆罔戰阪泉之野三戰而後得志是征誅不自湯武始也苐庖犧之後雖有書契而史冊未備孔子刪書斷自唐虞以來是以遂古遺事半據傳聞其實未必無本至女媧與伏羲同母佐正昏姻以重萬民之判是曰神媒及後嗣立命娥陵制樂器以郊天佑神又曰女皇乃風俗

通謂伏羲氏妹盧仝謂伏羲之婦遂云女主臨朝亦不始

於呂武此則相傳之謬徒滋後世口實爾

史記啟既即位乃即鈞臺以享諸侯而人皆仰夏之功

錄曰此千古傳子之法也夫禹身承揖讓之風乃忽焉傳子非反乎堯舜也自此法一定大統始有專屬上下臣民惟環拱聽命於吾君之子潛消覬覦之萌用錫靈長之福厥後易姓受命之君並皆繼體嗣立不襲揖讓虛名所以保世滋大此無間然之禹豈所謂德衰之禹哉

丙辰三祀太甲復歸于亳增修厥德保惠庶民諸侯咸歸

錄曰此千古傳孫之法也當太丁未立而亡丙壬雖幼序次

當立且太甲不義不順湯豈素不知之然而傳子之道以嫡以長所以杜紛爭而窒亂源也太甲以嫡長孫義當嗣統揆之天理人情實爲允協居桐復辟後來未必然之事湯豈一一預計哉則是庶子雖多且賢亦不以彼易此湯之家法所以萬古無弊宜乎後世恪守而不易者也

周古公三子長太伯次虞仲次季歷季歷娶太任乃賢德婦人生昌有聖瑞古公曰我世當有興者其在昌乎於是太伯虞仲知古公欲立季歷以傳昌乃亡如荆蠻文身斷髮以示不可復用古公卒季歷立是爲公季公季修古公遺道篤於行義諸侯順之公季卒子昌立是爲西伯

錄曰升之爲卦也巽而順剛中而應是以大亨周自古公以來以允升居於上而太伯仲雍以孚誠應於下於是王季得升其虛邑無所疑阻以至西伯王業之興豈偶然哉向使太王無信順之明太伯乏巽應之智昌雖龍德剛中無所用矣可以見文王作易得於家傳身體其曰王用饗于岐山蓋實事也豈無徵之空言哉

按泰伯託爲采藥而去又從荆蠻之俗斷髮文身所以太王舍之不嫌季歷受之無愧且先幾而行並無遜讓之跡并不見有舍之受之之事也至仲雍非長非瑞無得國理然伯既遠離次序自當立仲使伯不偕仲去季可恝然有

其國哉且季歷立時泰伯早已君吳地無嗣可傳因及於
仲至武王定天下又封仲孫于虞而吳宗泰伯世世勿替
吳之與岐有何上下是泰伯遜國而仍得國并仲不應有
國者亦且南面爲侯矣是豈初意所及計哉若謂太王有
翦商之志泰伯不從而逃則以後來之事逆溯當年之心
自詡長於論古而不知與聖賢心事求深而反致晦矣
又按周有兩虞仲一爲泰伯弟仲雍見左傳一爲仲雍曾
孫周章弟虞仲見史記論語所稱逸民未知孰是及閱漢
地理志班固乃以虞仲當仲雍集註因之苐論時代則仲
先夷齊且百年詮次不應在後且儼然君有吳地謂之隱

居放言從而民之可乎孔安國諸儒皆不注葢慎之也
孔叢子穆公問於子思曰立太子有常乎曰有之公曰昔文王舍適而立次微子舍孫而立弟是何法也曰殷人質而尊其尊故立弟周人文而親其親故立子亦各有其禮也文質不同其禮則異文王舍適立次權也公曰苟得行權豈唯聖人唯賢與愛立也曰聖人不以權教故立制垂法順之爲貴若必欲犯何有於異公曰舍賢立聖舍愚立賢何如子思曰唯聖立聖其文王乎不及文王者則各賢其所愛不殊於適何以限之必不能審賢愚之分請父兄羣臣卜於祖廟亦權之可也
錄曰此大賢之言切中夫人之病萬世不可易也夫堯子開

明舜子讓德苟非至聖孰能舍此而立彼乎苟無一定之限
而惟人焉是狥其弊有不可勝言者至於卜雖古人不廢無
亦權之不得已耳非智之得也

按帝王立皆嫡長然考唐虞至今皆以次立而長子爲帝
者無幾堯之兄摯史旣載之詳矣而越絕書云舜兄狂弟
傲則舜亦非長可知禹再傳至太康卽仲康之子孫繼世
至殷商立弟是其故常周伯邑考文王舍之盖三代皆然
矣下此晉隋相仍享國不永嫡長之序更不可問漢唐宋
元明號稱久長而漢高爲季文帝自代來光武顯宗序皆
居次唐宋二宗元世祖明太祖成祖上皆有兄歷歷可考

中間尤多立次傳祚無窮是皆莫之致而致者也若通鑑
　箋註謂紂醢伯邑考而使文王食其子言大不經使伯邑
　　考果被紂虐又何云文王舍長立次邪
左傳晉侯賞從亡者介之推不言祿祿亦弗及推曰獻公之子
九人唯君在矣惠懷無親內外棄之天未絕晉必將有主主晉
祀者非君而誰天實置之而二三子以爲己力不亦誣乎竊人
之財猶謂之盜況敢貪天之功乎下義其罪上賞其姦上下相
蒙難與處矣其母曰盍亦求之以死誰懟對曰尤而效之罪又
甚焉且出怨言不食其食母曰亦使知之若何對曰言身之文
也身將隱焉用文之是求顯也母曰能如是乎遂與偕隱而死

晉侯求之不獲以緜上爲之田曰以志吾過且旌善人

錄曰介推之棄緜上也不智於晉之啟南陽乎夫温之難天未厭周子帶上悖天道亡將無日秦伯以爲功矣文乃攘爲已有異於乞醯一間耳乃若崎嶇草昧一十九年初非一朝一夕之故介祿且弗及王章而可求哉雖然隱者其身也顯者其名也君子哉介子與不然披以仇須以竊豈眞無可言言則寺而豎矣宜乎介子之不言也

按有爵有土皆天所命故孟子曰天子不能以天下與人後世援立儲君輒誇定策國老而欲恃恩專恣谿壑無厭自取敗亡耳介子不以已力自誣與子犯之及河授璧固

知重耳非不負心者然至求之不獲繼以焚山則何不可出之有必欲以死自狥此則賢智之過也必若丙吉之於漢宣其始不言有恩以翹巳功其後亦不辭賞以昭君德庶幾兩得者哉

晉叔向之母妬叔虎之母美而不使其子皆諫母曰深山大澤實生蛟龍彼美懼其生龍蛇以禍汝也使往視寢生叔虎美而有勇力欒懷子嬖之故及於難後叔向欲娶於申公巫臣氏其母曰子靈之妻殺三夫一君一子而亡一國兩卿矣可無懲乎吾聞之甚美必有甚惡是鄭穆少妃姚子之子子貉之妹也子貉早死無後而天鍾美於是將必以是大有敗也叔向懼不敢

娶平公强使娶之生伯石伯石始生子容之母走謁諸姑曰長叔姒生男姑視之及堂聞其聲而還曰是豺狼聲也狼子野心非是莫喪羊舌氏矣遂弗視

錄曰羊舌氏之母其智有足多未可以其妬而少之也夫上有聖母所以成之者遠内有賢妃所以助之者深有周世克明德端繫乎此禮世有刑人不娶肸可謂不能斷矣其博識多聞特其糠粃焉耳是以君子必務誠意正心修身齊家一毫不可苟一事不可缺以是而延及後嗣未有不善者矣

按至美之中有大不美者存天生美婦世不常有故出必賈禍無柰易以惑人世固有明知之而且曰佳人難再得

者嗚呼悅色之害一至此哉夫黃帝妃嫫姆齊王后無鹽皆著令德而許允之婦孔明之妻梁鴻之配雖皆貌陋甚能克相其夫又何必以明眸皓齒爲金屋之貯也至觀向母之語所娶似即夏姬夫姬爲徵舒之母陳靈被弑當宣之十年向子伯石死於昭二十八年則向娶應在昭公初年距宣公時又歷五十餘歲姬雖美將就木焉豈有叔向復娶生子之理左氏元文謂欲娶於申公巫臣氏註言向母不欲娶夏姬之子此則近之

國語祁奚辭於軍尉公問焉曰孰可對曰臣之子午可人有言曰擇臣莫若君擇子莫若父午之少也婉以從令游有鄉處有

所好學而不戲其壯也強志而用命守業而不淫其冠也和安
而好敬柔惠小物而鎮定大事有直質而無流心非義不變非
上不舉若臨大事其可以賢於臣也臣請薦所能擇而君比義
焉公使祁午爲軍尉沒平公軍無秕政

錄曰愚觀祁奚之言與今寒士之教子何以異自少而壯而
冠莫不形容曲盡今人見一子弟若琬琰若瑚璉然夫誰不
愛之慕之而不知其優游涵養切磋琢磨麪心何如其惓切
也幸而如午至樂無紀又幸而如奚至公無嫌此父子之間
恩如天地明如日月何但一軍尉哉抑觀晉之盛時若趙文
子孤也而成物滋備范文子蒙也而敬讓聿崇及其衰也長

如伯魯而一辭無措强如智瑶而五賢凌人於此可驗匪特
家運是關國祚實由之以繫矣
通鑑趙簡子之子長伯魯次無恤將欲置後不知所立乃書訓戒之辭於簡以授二子命曰謹識之三年而問之伯魯不能舉一辭求其簡已亡之矣問無恤誦其辭甚習求其簡出諸袖中奏之於是簡子以無恤爲賢立爲後
錄曰趙簡子豈賢於智宣子乎宵之舍恤之置何其禍福之胥壤也彖曰需須也險在前也剛健而不陷其義不困窮矣夫以宵之狠在面瑶之狠在心豈不能須而得之三家分晋勢不並立乃剛愎自用陷於不義亡何日乎是故鞅之簡三

年而後問所謂需于郊利用恒也恤之水三版而後决所謂需于血出自穴也古人之備難至矣禍福之自求審矣

秦伐趙趙王求救於齊齊曰必以長安君爲質太后不可齊師不出左師觸龍願見太后盛氣而須之入徐趨而謝曰老臣病足不得見久矣竊自恐太后體之有所苦也后曰老婦恃輦而行復曰食得毋衰乎曰恃粥耳后不和之色稍解乃曰老臣賤息舒祺最少不肖而竊憐愛之願得補黑衣之缺以衞王宫后曰丈夫亦愛少子乎對曰甚於婦人后笑曰婦人異甚曰老臣竊以爲媪之愛燕后賢於長安君后曰君過矣不若長安君之甚左師曰父母愛其子則爲之計深遠常聞媪之送燕后也持

其踵而泣祭祀則祝之必勿使反豈非爲之久長計子孫相繼爲王也邪太后曰然左師曰今三世以前至於趙王之子孫爲侯者其繼有在者乎曰無有曰此其近者禍及身遠者及子孫豈人主之子侯則不善哉位尊而無功奉厚而無勞今媪尊長安君而封以膏腴之地多與之重器而不及今令有功於國一旦有不諱長安君何以自託於趙哉太后曰諾恣君之所使之於是爲長安君約車百乘爲質於齊齊乃出師退秦

錄曰左師之悟后與四皓之安劉伊川並載程傳果同乎曰不同也夫左師之諫從容不廹出於愛嬺之情始終不外其良心所謂納約自牖以通其一念之蔽者也呂后以澤而刼

良故良以四皓而刼帝所謂濡有衣袽以濟其一時之急者也事皆由婦人女子之私愛而家國天下之大計繫焉有識者其可溺私愛而悞大計哉

按婦人秉性執拗最難開悟况憐愛少子稍涉苦難遠離不啻身受痛楚乃左師婉曲詳説全為長安君計深遠畧無纖毫觸忤而援師已出國危已解在國策説辭中自是入情入理非押閤譎變者比於此知天下無不可感悟之人彼諫而不入者必誠不足以動言不足以達或過激烈或傷急遽口方啟而耳已逆矣安能博其回心法語巽言當深求五諫之術可也

列女傳楚令尹孫叔敖爲兒時出遊見兩頭蛇殺而埋之歸見其母而泣母問其故對曰吾聞見兩頭蛇者死今兒出見之母曰蛇今安在曰吾恐他人復見殺而埋之矣母曰汝不死矣夫有陰德者有陽報德勝不祥仁除百殃天處高而聽卑書不云乎皇天無親惟德是輔爾默矣必興於楚及長爲令尹君子謂叔敖之母知道德之次詩云母氏聖善此之謂也

錄曰甚矣叔敖之母之聽之聰也夫始見之辭未必其可喜也一變之間氣度自不侔矣其陰德之報未可必然而聖善之智古所未有益以信君子之立心不可殘民害物一蛇恐再况於恣人行暴乎

按叔敖方憂死不暇而母氏反賀决其後之必興正信天道報施不爽妖不勝德與宋景有君人之言三而熒惑退度楚昭不移赤烏夾日之災而不爲害同知之以理非驗之乎他也若王敬則母身爲女巫而識子之得鳴鼓角則以胞之紫色幸而中耳石勒往田聞空中鞞鐸聲以爲異而告其母母答以作勞耳鳴非不祥也是子方自負其異而母心猶慰其災比之孫母尤爲警惕人固不可以祥徵自滿亦何必以怪異自沮修身愼德安常而行之可也

趙將馬服君奢之妻括之母也秦攻趙孝成王使括爲將其母曰括不可使王曰何以曰始妾事其父父時爲將身所奉飯者

以十數所友者以百數大王及宗室所賜幣帛盡以與軍吏士
大夫受命之日不問家事今括爲將東向而朝軍吏無敢仰視
之者所賜金帛歸盡藏之乃日視便利田宅可買者王以爲若
其父乎父子不同執心各異願勿遣王曰吾計已决母曰王終
遣之有不稱妾得無隨坐旣而括死軍覆母得不加誅
錄曰括之不可使將其父知之其母亦知之所不知者君耳
是時趙孝成止存游魂殘喘先失其是非之本心且不勝欲
速無暇反而顧之自取覆軍之辱括之罪薄乎云爾
按馬服君之將善矣而括母能知爲將得失有此二種相
反則亦善於將將其識過趙王百輩矣然是道也豈平素

間括從不見馬服君行事而括母不以此教誡其子乎卽此數語括能翻然深省去巳之驕與私而臨事懼好謀成寧不可有功於趙光父名而慰母志哉惜括終不悟以貽憂於君親而王又先入反間之言竟不詳察母諫申戒乎括以致敗軍殺將貽羞鄰國何智獨鍾於婦人也

漢書棠邑侯陳嬰之母始嬰爲東陽令史居縣素有恩人稱長者秦二世時東陽少年殺縣令相聚數千人欲立長帥乃請嬰嬰謝不能强立之欲以爲王其母曰我爲子家婦聞其先故不甚貴今暴得大名不祥不如以兵屬人事苟成猶得封侯敗則易以亡可無爲人所指名也嬰從其言以兵屬項梁項氏敗嬰

後歸漢果以功封棠邑侯

安國侯王陵之母陵始爲縣邑豪高祖微時兄事之及起沛陵亦聚黨數千逮封漢王遂以兵屬之時項羽與漢爲敵討得陵母置軍中陵使至則東鄉坐其母以招陵陵母私送使者泣曰爲妾語陵善事漢王無以老妾故懷二心言畢伏劍而死陵後與高祖定天下位至丞相封侯傳爵五世

錄曰范增於是乎可愧矣夫項羽之不可輔婦人女子猶知之悲夫七十餘年之老其生也發於陳母而亡也恧於王婦乎使增能勸羽踐入關之約存鴻溝之界則不絕項氏之祀明天亡之意廻舞劍之戈則亦不失項伯之封二者胥失之

豈其智弗若與雖然二母之見順而易亞夫之事逆而難君子處艱難亢會之際其亦幸而爲二子用成賢母之名不幸而爲亞夫徒貽後世之誚哉

史記鼂錯爲人陗直刻深文帝時以上便宜擢太子家令號曰智囊數上書言削諸侯事及法令可更定者文帝不聽然奇其材遷中大夫太子善錯計策及卽位用爲內史數請閒言事輒聽法令多所更定丞相申屠嘉不便常以計欲誅錯不遂以此愈益貴遷御史大夫悉求請諸侯之罪過收其支郡所更令三十章諸侯皆諠譁錯父聞之從頴川來謂曰上初卽位爾爲政用事侵削諸侯疏人骨肉人口議多怨何也錯曰固也不如此

天子不尊宗廟不安父嘆曰劉氏安鼂氏危矣遂飲藥死曰吾不忍見禍及其身死十餘日吳楚七國反

錄曰史記所稱智囊有二然各有所蔽樗里子蔽於胡衍鼂錯蔽於袁盎豈其好智不好學與雖然錯之欲削諸侯庶幾國爾忘身之義翻身受戮為天下笑疾之親重卒能全軀以歸於渭南章臺之中漢景帝反不及秦昭王亦明矣若乃錯父之見其將晚乎

按鼂錯當文帝時屢上書言事帝雖善之然不見用及景帝立而以其才辯大加寵信法令多所更張申屠嘉在文帝時幾殺貴幸無比之鄧通而景帝時錯穿太上皇廟垣

嘉請誅之而帝不肯致嘉嘔血死是嘉伸於文而絀於景錯絀於文而伸於景觀二子絀伸有異即二帝優劣之分也然錯既曰智囊倖免申屠之計終罹袁盎之誅豈能預料夫前而不跲邈計夫後邪蓋其天資刻深則用智亦必害理自非善全之道故雖號爲智而不能周其身并使其父不保令終以自附於先幾之哲良可哀矣

河南太守嚴延年之母生五男皆至二千石人曰萬石嚴嫗延年爲太守所在名爲嚴能冬月傳屬縣囚論府下流血數里號曰屠伯其母到洛陽適見大驚止都亭因責數延年曰幸備郡守不聞仁義教化有以全安愚民顧乘刑罰多殺人以致威豈

爲民父母意哉天道神明人不可獨殺我不自意當見壯子被刑戮也行矣去汝東歸掃除墓地耳後歲餘府丞義上延年罪十餘事下御史案驗棄市東海莫不賢智其母

錄曰嗟夫嚴母之不古若也夫胎教之與三遷乃古之賢母所以預養是心而廣爲仁之術也果能審察延年之所存養其不中抑其太過必使童而習之長者之風純如也壯而行之哀矜之情戚若也苟心之無忍雖賞之不殘世頗有號稱屠伯而可以全身者哉實受除墓之慘慮博賢智之名嚴母之不古若信矣

京兆尹雋不疑之母慈明善教不疑行縣錄囚徒還其母輒問

所平反活幾何人即不疑言多所平反母喜笑飲食言語異於他時或言無所出母怒爲之不食故不疑爲吏嚴而不殘君子謂是母可謂永錫爾類者

錄曰愚觀雋母大異乎嚴母也夫教貴乎豫不疑知戒暴公子以太剛則折太柔則廢之道固非屠伯之比雋母慈明善教有何除墓之憂子善其名母貽其慶豈非旣明且哲乎

漢書吳祐父恢爲南海太守祐年十二從父到官恢欲殺青簡以寫經書祐諫曰大人踰越五嶺遠在海濱其俗誠陋然舊有珍怪上爲國家所疑下爲權戚所望此書若成載之兼兩昔馬援以薏苡興謗王陽以衣囊徼名嫌疑之間誠先賢所愼也恢

乃止曰吳氏世不乏季子矣及長舉孝廉爲膠東相吏不忍欺嗇夫孫性私賦民財市衣以進其父父得而怒促歸伏罪性慚懼詣閤持衣自首祐曰掾以親故受汙辱之名所謂觀過斯知仁矣使歸謝其父還以衣遺之

錄曰觀祐諫父之言其揣料人情不勝精明之至及其爲治則一本渾厚之道和氣藹如與廣漢鉤距翁歸記惡相去天淵豈智不相及哉誠有所不屑由也盖爲國以禮居上貴寬去惡雖當如鷹鸇而比鷹鸇於鸞鳳則不必智者而知其弗如此中庸所以言温而理與

晉書陶侃父丹母湛氏丹仕吳爲揚武將軍湛爲側室生侃而

陶氏貧紡績以資使交結勝已鄱陽孝廉范逵寓宿於侃時大雪乃截髮得雙髲以易酒肴樂飲極歡雖僕從亦過所望至撤所卧薪自剉給其馬後侃監漁梁于潯陽以一坩鮓遺母封還責之曰爾以官物遺非惟不能益反以增吾憂矣逵聞之歎息曰非此母不生此子薦之廬江太守張夔後以軍功爲江夏太守備威儀迎母鄉里榮之

周顗父浚母李氏字絡秀浚爲安東將軍嘗出獵遇雨止李家會其父兄他出秀聞貴人至與一婢於內宰猪羊具數十人饌甚精辦而不聞人聲浚怪使覘之獨見一女子甚美因求爲側室其父兄不許秀曰門戶殄瘁何惜一女若連姻貴族將來庶

有大盜遂許之生顗及嵩謨並列顯位嘗舉觴賜三子曰吾本渡江托足無所不謂得配華宗爾等並貴列吾目前吾復何憂嵩起曰恐不如尊旨伯仁志大而才短名重而識闇好乘人之敝此非自全之道嵩性抗直亦不容於世唯阿奴碌碌當在阿母目下耳阿奴謨小字也後果如其言

錄曰愚觀陶士行周伯仁之母可謂敏而達矣且同出於微爲側室固不繫於世類也特以剪髮與治具之事或頗疑之夫一髮之微所值寧幾而能樂飲極歡一女之弱倉卒有幾而能屠宰畢備乎豈其賢聲素聞雖至剉髮無靳精辦素著雖兼數人不辭而後遂舉以爲實事乎若乃降精崧嶽列名

屏翰雖乃人謀實天意存焉不可得而測度之也

按古云白璧不可爲容容多後福此雖有激之言實爲保身至論蓋膏以明自煎珠以光見剖況小有才必至殺身喜用詐必然盡術故商鞅自斃於爲法龐涓畢命乎枝能楚猿之巧鼯鼠之窮適足自殘耳阿奴碌碌此正大智若愚使人置之不論不議豈志大名重者所可髣髴乎然嵩明知碌碌可久而無能改於抗直之節者何蓋人各有性賢者能化氣質之偏而不能變本原之素即刻意消融不免時露由抗直亦是良能非同罔之生者幸而免也

唐書貞觀二十三年太宗有疾謂太子曰李世勣才智有餘然

汝與之無恩恐不能懷服我今黜之若其卽行俟我死汝於後用爲僕射親任之若徘徊顧望當殺之耳遂出爲疊州都督世勣受詔不至家而去

錄曰唐太宗之不能庇其子若孫也宜哉托孤之命未行托勣之言先入是所以教其諂也盖帝本挾數用術長於任人而不閑於觀物故夫今日之心膂卽他日之仇讐今日之智計卽他日之禍本自以爲得而不知勣也者旣不難於事帝安在其不背審乎其始也徒以一鬚之剪爲社稷之計不知鷹犬之量更思其餘物乎其終也乃以去鞅之故智欲遺安劉之遠圖悖亦甚矣斯大有關於唐之宗社不可以一言而

忽視之也

按司馬光有言才智之士不能臨大節不可奪必得忠直之人從旁制之本以諷神宗不可用陳升之爲相然此用人定法也夫才智士易得節操士難求而節操士必爲才智之人所陷世勣年十二便能作賊先假不背主之義以欺高祖其言雖曰耻邀富貴其實精於邀富貴之術者太宗以才智有餘目之洵足蔽其爲人然徒才智有餘烏可謂爲純臣而付以國家之重乎厥後高宗將立武氏遂良執不可世勣乃勸成之幾覆唐祚是則世勣始以術用高祖而旣售矣今太宗亦以術馭世勣世勣逆揣其意卽轉

用之而又售復何憚而不再用以逢迎高宗哉太宗生平純任才智而世勣更勝一籌正如兵家能因敵間諜使反爲我用而墮其計中意欲遺子以福而適以貽禍用智如此不如不智之爲愈也

睿宗將立太子以宋王成器嫡長而平王隆基有大功疑不能決成器辭曰國家安則先嫡長國家危則先有功苟違其宜四海失望臣不敢居平王之上涕泣者累日大臣亦多言平王功大宜立劉幽求曰臣聞除天下之禍者當饗天下之福平王拯社稷之危救君親之難論功莫大語德最賢無可疑者上從之立爲太子

錄曰人皆謂盧陵王之復辟唐之天下一再造也而不知造於平王之爲太子也夫震長男也若乃建成與承乾及陳王忠皆庸碌無似所謂震索索視矍矍者也至於中宗昏愚尤甚始則甘心受辱而不顧俛首廢棄而不辭終則生於憂患而不知制於妻孥而不恤所謂震遂泥未光者也以及玄宗赫然奮怒震驚羣枉之心發攄積陰之氣神堯故物不失其舊所謂震驚百里不喪匕鬯出可以守宗廟社稷以爲祭主者也觀此乃見易象之深切著明已

按震雷之象因吾心平時嘗存敬畏有震動恪恭之意若震來而虩虩則禍患無自而入即有變故猝臨亦精神鎮

定不至倉皇失措其象如此乃明皇始也能震驚遠邇定難以安國家卒之荒淫樂佚不能常存恪恭震動以致震從外來中無張主棄宗廟以播遷委闕廷於草莽平昔所愛亦不自保則非外之震我乃我之自震也設能惕惕常如天星散落如雪之夕豈不可比美太宗哉

權皐者唐相德輿父也署安祿山從事陰察安有異志欲潛去又慮禍及老母適祿山使獻俘京師回過福昌尉仲讜皐從妹壻也密以計約之比至河陽詐稱疾亟召讜至假爲哀哭手自殯襲既逸而封棺人無知者其母聞之慟哭祿山遂不疑許其母歸皐乃微服匿跡候其母于淇門奉之晝夜南去及渡江

祿山巳反由是名聞天下採訪使高適表爲判官屬永王璘亂多刼士大夫皐又變名以免德輿七歲以孝聞十五文名日大韓洄辟從事試秘書省後爲禮部尚書平章事自貞元至元和三十年羽儀朝行性直亮寬恕於述作特盛六經百氏游泳漸漬其文雅正弘博時人以爲宗匠

錄曰愚觀權皐之陷逆窩可謂無策矣而能卒保其身以奉其親蓋不寧完節全名抑且慶鍾後裔韓洄王定常評皐可爲宰輔師保卒非空言父子貞文孝德羽儀朝行豈非明哲之君子乎

符令奇子璘初爲盧龍裨將會幽州亂奔昭義田悅拒命奇密

語璘曰吾閱世事多矣自安史干紀無噍類吾觀田氏覆亡無日汝能委質朝廷爲唐忠臣吾亦名揚後世璘泣曰悅忍人也近禍可畏奇曰今王師四合吾屬俎中醢兒不行吾亦死疊尸逆地云何璘與父嚙臂别時朝廷遣馬燧討悅璘降燧悅怒責以忘義背主令奇曰吾教子以順殺身庸何悔遂遇害後璘拜特進封義陽郡王復表父寃加左散騎常侍

錄曰當李愬攻淮西時元濟以董昌齡爲郾城令而質其母其母謂昌齡曰順死賢於逆生汝去逆而吾死乃孝子也從逆而吾生是戮吾也昌齡從言而降可知狥忠郎所以爲孝若但知狥親則忠孝一無所據矣令奇之事與權臯等况臯

以術得生而令奇甘心於死乃史傳卓行取彼而舍此豈以璘不在相位故邪

宋史曹璨曹瑋皆彬子璨沉毅多智彬以爲類巳特鍾愛焉授河陽節度使同平章事瑋沉勇有謀通春秋三傳李繼遷叛諸將數出無功太宗問誰可者彬曰臣少子瑋可任卽召見以本官同知渭州時年十九及彬疾眞宗臨視問以後事對曰臣無事可言臣二子材器可取若內舉皆堪爲將上問其優劣對曰璨不如瑋後瑋有功與彬同配饗廟廷人謂知子莫如父云

錄曰彬之右瑋也豈預期其不附丁謂與是故寧爲寇黨無爲謂黨寇黨雖罪亦榮以其無忝所生也謂黨雖貴猶戮以

其有靦面目也蓋不惟國之楨幹其邦之司直已乎
瑋常覘趙元昊知其必叛謂樞密王曙曰在陝西日聞趙德明
常使人以馬博易怒其息微欲殺之莫可止時元昊方十餘歲
諫曰我邊人從事鞍馬而以資鄰國易不急之物巳非得策又
從而殺之邊人誰肯爲我用者德明從之瑋因私念曰此子欲
用其人矣是必有異志聞其常往來牙市中瑋欲識之不得乃
使善畫者圖其貌觀之眞英物也他日必爲邊患計其時正在
公秉政之日公其勉之曙時未以爲然後始嘆其明識
錄曰虎生三日便具食牛之氣況元昊雄毅多大畧者哉德
明以父保吉臨死之囑厭於用兵屈身臣宋然責賞不入而

表求粟亦羈縻耳非眞感錦綺之恩也瑋爲將四十年未嘗少失利山東名士賈同造瑋客外舍瑋按邊即同舍邀與俱同問從兵安在曰已具旣出就騎見甲士三千環列寂無人馬聲瑋御兵如此非但識乎先幾也蓋西夏猖獗由李沆主棄靈州之議而不援裴濟以致千里膏腴委之敵人資其得志雖有王醲將奈之何哉

向敏中父瑀躬親教督不假顏色曰大吾門者此兒也及長姿表瓌碩豈弟多智曉民政居大位三十年人以重德目之爲人主所優禮故雖羅變故終不得謝初進右僕射兼門下侍郎眞宗謂學士李宗諤曰朕自即位未嘗除僕射今此殊命敬中應

大喜賀客必多卿試往觀之勿言朕意宗諤旣至門闌寂然竟人賀曰今日聞降麻士大夫莫不懽慰敏中但唯唯又曰自上卽位未嘗除端揆非眷倚殊越何以至此敏中復唯唯又歷陳前世爲僕射勳德禮命敏中亦唯唯卒無一言其智畧愼重如此子五人傳正傳式傳亮傳師傳範傳亮子經女卽欽聖憲肅皇后也後累贈敏中燕王傳亮周王經吳王餘孫並顯

錄曰宋之后族或以仁或以智或以勇仁而不濫智而不徼勇而不亂若彬之淸介無伐是不濫也敏中豈弟多智是不徼也璵有子十四人皆教以讀書是不亂也不知尚此而惟色之求幾何望其伉儷之益嗣續之賢哉

按人重視富貴故有新進氣鋭大臣惜身之論若看破爵位本是外加之物與吾身初無增損則赴義如走丸遠惡如攻毒斷然爲之去之無瞻狗顧忌之態矣敏中大耐官職不以榮祿爲幸自當不以退斥爲憂又何艱大之不能勝邪不惟是也推此意而名位不慕則扳援希進之源必杜門無雜賓則比匪黨私之端必衰甘心恬淡則儉朴不奢之節可風胸無繫念則威福市權之弊必絶君子何患不借登綱紀何憂不陳立太平之風可坐而致若敏中者古今能有幾人長發其祥未足云報也

呂夷簡與子公著俱拜司空平章事宋輿以三公平章事者四

人而呂氏居其二士艷其榮夷簡父蒙亨即蒙正弟也祥符間眞宗封泰山幸其第謂蒙正曰卿諸子孰可用對曰諸子皆不足用有姪夷簡宰相才也公著自少即以治心養性爲本於聲利紛華泊然無所好其智識深敏遇事善決苟利於國不以利害動其心見士大夫以人物爲意者必問其所知與其所聞參互考實以達於上每議政博取衆善以爲善神宗嘗言其於人材不欺如權衡之稱物尤能避遠聲跡不以知人自處司馬光亦曰每聞晦叔言便覺已語爲煩其爲人所重如此

錄曰愚觀呂許公不惟文穆知之王文正亦知之觀其一言之决雖筮龜不如正所謂拔茅連茹以其彚征吉者也至正

獻公雖曰人才不欺如權衡稱物然未能燭計見效猶所謂
包承包羞者此人事關於天道而興衰得失判然見矣
按君子之學言與行並重故當言不言謂之隱不當言而
言謂之躁隱之由或鄭重以待問或剛愎而難說或慮數
而見疏或遂事而不諫皆出不得已若發言一躁則駟不
及舌起羞興戎咸本乎此昔孔子問禮於老聃老聃贈以
言曰凡人聰明深察而近於死者好譏議人者也辯博閎
達而危其身者好發人之惡者也此尤出言浮薄罔顧天
理未有不上干天譴者觀於晦叔曾覺已語爲煩乎
蘇洵名二子說曰輪輻蓋軫皆有職乎車而軾獨若無所爲者

雖然去軾吾未見其爲完車也軾乎吾懼汝之不外飾也天下之車莫不由轍而言車之功轍不與焉雖然車仆馬斃而患不及轍是轍者禍福之間也轍乎吾知免矣又木假山記曰予家有三峯予每思之則疑其有數存乎其間且其蘖而不傷拱而不夭任爲棟梁而不伐風拔水漂而不破析不傷不腐而不爲人所材以及於斧斤出於湍沙之間而不爲樵夫野人之所薪而後得至乎此則其理似不偶然也然予愛之而有感焉予見中峯魁岸踞肆意氣端重若有以服其旁之二峯二峯者莊栗刻峭凛乎不可犯雖其勢服於中峯而岌然若無阿附意吁其可敬也夫其可以有所感也夫

錄曰史謂軾稍自韜戢雖不獲柄用亦當免禍患斯言豈其然哉觀老泉之所以逆料其子終身不差毫末而三峯之說比喻親切千古而下可想見其一門之內父子之間智識無可與比豈尋常知其子者同日語哉

按父之名子備於左傳衆仲命名有五之義至言不以器幣慮其因名廢禮則車馬之制以錫有功軾轍亦車中所有此後子孫撫物思諱將奈之何然人每以大器期子子或不克自副今二蘇所就甚大任重行遠過乎所期雖覆非所屑計亦何必拘拘此哉又考古初不苐命名有别即賜姓亦有自始故仲議展氏之姓有曰天子建德因生以

賜姓諸侯以字爲謚因以爲族官有世功則有官族後世姓氏之典不行于姓蕃多百世俱蒙始族是以古有司徒司馬司空倉氏庫氏諸姓其族之貴賤繫乎職後世重閥閱用世卿仕之升舉始繫乎族亦世道之升降也今則兩法皆廢矣

歐陽修幼喪父母韓國夫人鄭氏親誨讀書家貧無資以荻畫地教其書字謂曰汝父爲吏嘗夜燭治官書屢廢而嘆吾問之則曰死獄也吾求其生不得爾吾曰生可求乎曰求其生而不得則死者與我皆無憾也矧求而有得邪以其有得則知不求而死者有恨也夫常求其生猶失之死而世常求其死也此語

修服之終身凡斷死罪多平反平居教子弟亦以此語之

録曰歐陽氏之父非有所求也盡巳之心焉耳其母亦非有所爲也明父之志焉耳此其人所不知而巳獨知者冥冥之中所謂陰德莫過乎此故不必明其果報而但服之終身較之定國之預高門閭者其智量尤不侔矣

按路温舒云治獄之吏皆欲人死非憎人也自安之道在乎人死則是人本可生尚欲死之孰肯向死中求其生乎後世草菅人命不但求自安且以獄爲市致使在上之人見有爲囚聲冤者輒以受賂疑之巳讞之獄旣難平反坐視其死而莫之捄尤爲仁人所不忍聞要之欲求其生非

爲邀福並非博名盖皆出乎惻隱良知自然不能遏抑若謂積德以遺子孫便落第二義至言陰德有果報而張湯有子安世杜周有子延年豈天亦厚道待人耶故不過行乎己心之所安已耳

劉安世母有賢名及安世除諫官未拜命入白其母曰朝廷不以子不肖使在言路倘居其官須明目張膽以身任責脫有觸忤禍譴立至主上方以孝治若以母老辭當可免母曰不然吾聞諫官爲天子諍臣汝父平生欲爲之而不可得汝幸居此地當捐身報國得罪流放無問遠近吾當從汝所之於是正色立朝面折廷爭人目之爲殿上虎

錄曰愚覩安世之事而嘆死生有命君子不可以不安也以惇卞之威權而濟之以凶虐人爲之甘心者衆矣不惟嶺表不能死人而指教數四或將到而先斃或數驛而赦原後世聞之祇增一笑若有使之然者向使母預憂禍患則直道不顯直道不顯則母子之賢無由而彰此其畜縮退汗曷若明目張膽之得以無怍哉

按天道眞難測度賢人君子困之死之皆足爲玉成之具弟値有知之時則崖州司戶好還之驗何其速而萊公卒不免以喪歸則亦未全爲有知也若安世見忌惇卞自知不免苟非使者之不忍與轉運之嘔血烏能脫此二難則

亦似有使之然者故安世得免而母賢益章使母當時而徇世俗至今何知有安世亦何知有安世之母縱使傳之亦不能令人起敬仰也觀汝父平生欲爲而不得一語凡屬貧寒起家者眞堪掩卷流涕與東坡程太夫人願爲滂母者更加痛定思痛矣

治平中邵雍與客散步天津橋上聞杜鵑聲慘然不樂客問其故雍曰洛陽舊無杜鵑今始至天下將治地氣自北而南將亂自南而北今南方地氣至矣禽鳥飛類得氣之先者也不二年上用南士作相多引南人專務變更天下自此多事矣乃謂子伯温曰世將亂惟蜀安可避及宣和末伯温提點成都刑獄遂

載家以往故得免於靖康之難

錄曰呂誨彈文出於新參之日蘇洵辨姦作於未用之時皆易所謂知幾其神也乃杜鵑之聲無端入耳而變法之兆怵焉驚心不但察興衰於既往實能驗理亂於將來方之師曠之知鳥烏柳下之論爰居僅能占一時一國之災祥者相去倍蓰矣夫資極明睿學臻至誠自能通天地之化洞萬物之理乃命其子去危就安用能保世滋大朱子作綱目特書杜鵑鳴于洛陽蓋以表先生知幾之哲也

按邵本姬姓周太保奭食采于召在岐之境內扶風雍縣召亭是其地也武王克商大封于燕然賜姓仍其采邑故

曰召公秦漢以後汝南安陽之族加邑爲邵至康節先生
由范陽徙共城又徙洛之伊水自天津橋聞鵑鳴後止隔
一年安石進用引呂惠卿陳升之等閩人執政增設制置
條例會計提舉官立農田水利青苗均輸保甲免役市易
保馬方田更戍諸法厥後用王韶開邊割棄河東地七百
里界遼以啟宣和兵爭之釁當日士大夫留中土者多及
於禍而子文公恪遵成命安居蜀中生子曰溥曰博紹興
中高宗訪求俊乂除溥徽猷閣待制博爲秘書省郞遂家
臨安宋末又分會稽餘姚昌化諸支迄今閱世三十歷年
五百子孫幾數萬指較之范陽故族實大且蕃遡厥淵源

豈非先生窮神達化有以佑啟我後人哉

趙方子葵范父棠少從胡宏學累以策言兵事張浚大奇之命子栻與棠交方遂從栻學舉進士後爲大帥在邊十年以戰爲守合官民兵爲一體通制總司爲一家葵范俱有志事功方器之聘鄭清之全子材爲師又遣從南康李燔爲有用之學時淮蜀沿邊屢遭金虐每聞警遣二子與諸將偕出諸將惟恐失制置子盡力死戰以此屢獲勝一日方賞士恩不償勞衆欲爲變葵覺之徐呼曰此朝廷賜也本司別有賞賚一言而定人稱其機警方嘗留意人材麾下若扈再興孟宗政皆起自土豪推誠擢任宗政子珙後亦爲名將金人犯襄陽駐團山父爲方將以

兵禦之珙料其必闞樊城獻策於父由羅家渡濟河宗政然之
翼日諸軍臨渡布陣金人果至伏發殲其半嘗臨陣父子相失
珙望敵中有素袍白馬者曰吾父也急揮騎突陣脫之累功官
京湖制置大使封吉國公

錄曰自岳雲張憲之後爲將者孰肯使其子以蹈死哉而趙
葵孟珙卒以功顯爲時名將人豈可無立志乎哉方父子本
儒者而能以戰爲守出奇制勝眞所謂有用之學非徒托諸
空言而已至於合兵民爲一體通制總司爲一家留意人材
致其死力朝廷無北顧之憂後雖有智者何能易哉

按禮樂兵農皆儒者事文武非劃然兩途也近世俱曰文

臣不堪武事道學無裨實用方其坐論闕廷若眞可繫南越之頸笞中行之背及乎推轂授鉞不爲殷浩譙城卽是房琯陳濤祇招辱國喪師烏能賦詩退敵於是鎗劍毛錐遂爲判不相涉至唐明皇剏立武成廟奉太公爲兵法祖選古名將備十哲以二八月上戊日致祭取詩吉日維戊之義不知師尚父其肯竟安赳桓之血食否邪趙方父子皆遊道學之門乃其用兵名將莫過合之允文采石之捷信是仁者必勇豈得謂隨陸無武而程朱講學爲南宋積弱由之哉

弘道錄卷之十七終

弘道錄卷之十八

明刑部員外郎仁和邵經邦弘齋學
皇清詹事府少詹事四世孫遠平補案

夫婦之智

家語叔梁紇娶於魯之施氏生女九人無男其妾生孟皮病足叔梁紇曰雖有九女而無適是無子也乃求昏於顏氏顏氏有三女小曰徵在顏父問三女曰陬大夫雖父祖爲卿士然先聖之裔也今其人身長九尺武力絕倫吾甚貪之雖年長性嚴不足爲疑三子孰能爲之妻二女莫對徵在進曰從父所制將何問焉父曰即爾能矣遂妻之

錄曰司馬遷是非頗謬於聖人豈惟謬哉其誕也甚矣夫論語而外家語亦可徵信何爲狎侮若是哉徵在之賢聖自任上古未之聞也乃謂之野合而生至云疑其父墓處母諱之豈理也哉或曰遷之時家語未出然則鄭氏之作通志家語出矣雖知正遷之失而未能及徵在之事則猶夫故也

按孔子世家曰紇與顏氏女野合而生孔子夫聖父求昏於顏氏聖母禱祀於尼山夫豈事同鄭衛而敢云野合乎哉師古注曰紇老徵少故爾云然然此第年齒相差何致爲謬乃爾又曰孔子疑其父墓處母諱之母死乃殯于五父之衢郰人輓父之母誨孔子父墓然後合葬于防夫聖

人人倫之至豈終母世不尋求父墓所在至母殯而猶不
知乎且殯之衢路與死於道路者何異而謂聖人爲之乎
郰聊曼父之母其於孔氏何親顧乃知之真而孔子遂信
之確竟遽然合葬乎孔子不詢之母在之日迨母亡而僥
倖於旁人之口此本檀弓妄說而還故摭拾之難免侮聖
之譏矣世傳家語一書乃王肅私定以難鄭玄而非朱子
所慽不見之古文家語然於孔顏之聖配可謂歷歷有徵
非私臆附會者也

論語子謂公冶長可妻也雖在縲絏之中非其罪也以其子妻
之子謂南容邦有道不廢邦無道免於刑戮以其兄之子妻之

錄曰愚觀孔門女女何惓惓於縲絏刑戮乎蓋婦道從人者也其吉凶榮辱終身以之所仰望於良人至切故惟願執手偕老而深懼中道有乖雖聖人不得不爲之動慮也以是爲訓魯猶有殺妻求將者有戲婦受金者孰謂二子之事不可爲後世法哉

列女傳魯大夫栁下惠之妻也惠處魯三黜而不去憂民救亂妻曰無乃瀆乎君子有二恥國無道而貴恥也國有道而賤恥也今當亂世三黜而不去何與惠曰滔滔之民將陷於害吾安能已乎惠既死門人將誄之妻曰二三子不如妾知之也乃誄曰夫子之不伐兮夫子之不竭兮夫子之信誠而與人無害兮

屈柔從俗不强察兮蒙耻救民德彌大兮雖遇三黜終不蔽兮豈弟君子永能厲兮謚宜爲惠門人從之莫能竄一字

按柳下蒙耻救民卽指不卑不浼而言當民生顛連時俾得少減一分卽受一分之賜譬如出陷溺而暴赤日雖不免酷烈然已幸脫死所矣然而爲此者亦極難耳何也置身艱難險阻中旁觀者旣秦越相視同舟者以推諉爲能於此而稍不和協焉則必觸迕乖張祇可束手待斃將使民患何由除公事何由濟邪惠惟志在救民故袒裸之慢不較阨窮之苦無辭卽士師之體弗存爾我之形皆化一意委蛇宛轉悲天憫人務期於事有成於民有裨何恤乎

志之降身之辱哉舉世但識其與人之不恭而未鑒其用心之況瘁非推求而得其所以然且以其和爲可易及者矣　又按展禽爲魯公族而食邑則在柳下蓋顔斶有去柳下季壟而樵採不赦之語莊子有居柳下而施德惠之文究之其名不知所起其地不知何處古人多塟於食邑壟之所在卽其邑當界乎齊南魯北接壤之交庶幾近之

魯黔婁先生之妻也先生死曾子往弔其妻出戶曾子上堂見先生之尸在牖下枕墼蓆稾縕袍不表覆以布被手足不盡斂覆頭則足見覆足則頭見曾子曰斜引其被則斂矣妻曰斜而有餘不如正而不足先生以不斜之故至此生時不邪死而邪

之非先生意也曾子曰何以爲謚其妻曰以康爲謚曾子曰先生在時食不充口衣不蓋形死則手足不斂旁無酒肉生不得其美死不得其榮何樂於此而爲康乎其妻曰昔魯君嘗欲授之政以爲國相辭而不爲是有餘貴也君嘗賜之粟三十鍾辭不受是有餘富也彼先生者甘天下之淡味安天下之卑位不戚戚於貧賤不忻忻於富貴求仁而得仁求義而得義其謚曰康不亦宜乎曾子曰惟斯人也而有斯婦

錄曰愚觀刑于之化不獨文王巳然大夫士莫不然也柳下之誄雖門人莫能移黔婁之謚雖曾子有未達彼博學大儒曾不如匹夫匹婦之見乎其所觀感者深也智哉二婦其令

德來教者乎雖有富貴不足多矣

按餘貴餘富不必就辭榮祿以見其餘亦不必論優道德以見其餘即此容無戚戚心自泰然在他人視爲不堪而已樂不改非餘富而何不臣天子不友諸侯浩氣常伸更無譎挫非餘貴而何以視世人親執牙籌常憂不足無論卑位即當權而患得患失萬轉千迴者較是於有餘不足之間大不侔矣然此二言也世人聞之自共目爲迂妄即其妻言之亦僅得之皮毛間而未知其氣象之由致志趣之獨深也况門外者乎

陶大夫荅子妻也荅子治陶三年名譽不興家富三倍其妻數

諫不用居五年從車百乘歸休宗人擊牛賀之其妻獨抱兒泣姑怒曰何其不祥也婦曰夫子能薄而官大是爲嬰害無功而家昌是謂積殃昔楚令尹子文之治國也家貧國富君敬民戴故福結於子孫今夫子貪富務大不顧後害妾聞南山有玄豹霧雨七日而不下食欲以澤其毛而成文章也故藏而遠害犬彘不擇食以肥其身坐而須死耳今夫子治陶家富國貧君不敬民不戴敗亡之徵見矣願與少子俱脫姑怒遂棄之處期年荅子家果以盜誅婦乃與少子歸養姑卒終天年

錄曰愚觀荅子之妻其有道者乎夫唯聖人而後能知盜非聖人則雖有南山豹隱之智者尚不能知而况於匹夫匹婦

乎夫盜非必人伐之也夫人而自伐也今天下能薄而官大無功而家富者不知凡幾竊恐齊人之妻妾尚羞之何况荅子妻乎故君子不可以不之戒也

按人皆以得富貴爲可賀而荅子之妻乃以爲憂無怪乎其姑之怒也然世盡若荅子之母益以顯其妻之賢古今來豈更無有如其妻者周行逢誅殺太過其妻逃匿於墅陶朱公再致千金其妾悲號於室蓋進不知止尚能賈害况進不以正而倍君剝民其何能久言而不入反致見怒荅子妻何所過之不幸乎始而盜富既而盜誅無功而家昌者可當淸夜之鐘聲矣

樂羊子之妻者羊子遠尋師學一年來歸妻跪問其故羊子曰
久行懷思無他異也妻乃引刀趨機而言曰此織生自蠶繭成
於機杼一絲而累以至於寸累寸不已遂成丈匹今若斷斯織
則捐失成功稽廢時月夫子積學當日知其所亡以就懿德若
中道而歸何異斷斯織乎羊子感其言復還終業七年不返
錄曰樂羊子之學不見經傳若以爲聖賢之學必造誠篤之
地以爲世俗之學必成精確之風古人孳孳不息其勤勵有
如此然則今人玩棄日月自甘牆面者眞匹婦之不若矣
左傳楚屈瑕伐羅鬭伯比送之還曰莫敖必敗舉趾高心不固
矣遂見楚子曰必濟師楚子辭焉入告夫人鄧曼鄧曼曰大夫

其非衆之謂其謂君撫小民以信訓諸司以德而威莫敖以刑也莫敖狃於蒲騷之役將自用也必小羅君若不鎮撫其不設備乎夫固謂君訓衆而好鎮撫之召諸司而勸之以令德見莫敖而告諸天之不假易也不然夫豈不知楚師之盡行也楚子使賴人追之不及莫敖使徇于師曰諫者有刑及鄢亂次以濟遂無次羅與盧戎大敗之莫敖縊于荒谷

楚武王荊尸授師孑焉以伐隨將齊入告夫人鄧曼曰余心蕩鄧曼嘆曰王祿盡矣盈而蕩天之道也先君其知之矣故臨武事將發大命而蕩王心焉若師徒無虧王薨於行國之福也王遂行卒于樠木之下

錄曰愚觀鄧曼之智精於朗鑑出鬬伯比上矣蓋不以私廢公不以恩掩義故不惜君而惜師徒夫是而言必有中也夫禎祥妖孽動乎四體莫敖之趾高楚武之心蕩其禍必矣何楚子之弗察也羅之伐隨之盟祇自速其亡耳善乎宋光獻太后曰得之則南面受賀不諾則萬里生靈所繫苟有先事之諫或將緩於滅鄧之禍矣曾謂曼之智而弗及此乎

晉文公出亡過曹曹共公不禮焉僖負羈之妻謂其夫曰君無禮於晉公子吾觀其從者皆賢人也若以相公子反晉國必得志於諸侯而誅無禮曹其首也子盍早自貳焉乃饋公子壺飧而加璧焉文公受飧返璧三年晉師伐曹克之令無入僖負羈

之宮而免其族

錄曰愚觀蜉蝣之詠而知曹國之亡豈非以其玩細娛而忘遠慮乎饋飱置璧所謂遠慮也薄觀駢脅所謂細娛也時小人道長氣燄繁盛而君子道消夫婦食貧外之威儀服美雖楚楚而可愛而內之羞惡是非實則亡之已久此其匹夫匹婦殷勤繾綣而不舍也後之鑒者慎無以國之大計而為人私報焉則得矣

按負羈之妻特具藻鑑而晉又有伯宗妻叔向母料人成敗不失尺寸即齊女知懷安之敗名趙姬立盾為宗子文之妻女亦自能識人於先何當時遭逢多賢智婦人也乃

曹鄭諸君見不如臣而楚之子玉見不如君其慧力反出婦人下何哉或者謂晉之中衰實由驪姬故婦人多賢足覘晉將興之兆然則文公之亡衛曹鄭皆同姓無禮而禮之者乃齊楚秦異姓豈亦聽士蔿之謀去桓莊之偪不顧宗盟而獲此報乎

漢書高祖有疾呂后問曰陛下百歲後蕭相國既死誰令代之上曰曹參可問其次曰王陵然少戇陳平可以助之陳平智有餘然難獨任周勃重厚少文然安劉氏者必勃也可令爲太尉呂后復問其次上曰此後亦非乃所知也

錄曰帝之興劉悉資羣策之力而其安劉乃出獨見之明帝

豈不能預料而先事圖之與惠帝之懦弱而吳楚之衆大韓
彭之捐謝而大漢之孤縈不有悍后其何能淑所謂將欲取
之必故與之也乃若北軍之典不難於子弟之親平勃之智
多見於股肱之日后豈不能曲防而每事從之與國難之方
張而王室之新定須噲之解禍而產祿之盛强若匪元功必
生他變所謂將欲與之必故取之也是皆高祖之智也
按蘇子謂高帝不去呂氏爲惠帝計然以人彘之慘傷心
早殞則爲之之計左矣夫呂后雖妒豈有去理若戚姬之
禍種於欲立如意一事苟如薄氏代王則處分一定禍何
從生且呂在帝世實無能爲不苐易儲不能爭即欲殺趙

王敖欲誅樊噲皆不能爭也產祿至惠帝沒後始得一封可見雖悍尚未撓法要之禍福之來皆非智計可料漢高慮功臣爲子孫憂乃用呂后計而剪除淮陰等究之筵劉祚者自在諸呂呂公幸女壻季以爲貴可爲后乃分捕諸呂無少長棄市亦由於此倚伏之機千變百出是殆有天焉不可得而知也

昌邑王賀即位昏亂大將軍霍光與車騎將軍張安世欲廢賀議已定使大司農田延年報丞相楊敞敞驚懼不知所言汗出浹背徒曰唯唯而已延年出更衣夫人遽從東廂謂敞曰此國之大事今大將軍議已定使九卿來報君侯君侯不疾應與大

將軍同心猶豫無決先事誅矣延年更衣還敞夫人與延年參語許諾請奉大將軍敎令

錄曰愚觀敞妻之言而嘆昌邑昏闇無謀之甚也夫廢立何事丞相何官大將軍可使人傳道其言敞夫人可與人參互其語且當國勢危疑之際敞身居相位不在政府而在私家設有如朱昌張武者在昌邑之側則光之計必不得行光之計不行敞延年無噍類矣然則敞夫人幸而中夏侯勝不幸而不中耳其於智也何有

按光於廢立大事不能愼重於始以致坐不諫昌邑死者濫及二百餘人論者謂光之滅族由之然非特此也宣帝

立后公卿皆擬光女帝詔求故劍矣而光猶以許廣漢刑人不宜君國是啟顯之逆謀也顯敢於弑后無忌光與聞弑后不發史不必董狐而可直書光弑及後帝微聞之則共患之夫婦寧恐死於非命而不輙俟光没而後行誅宜帝之厚道也武帝欲內金日磾女於後宫日磾不肯帝益重之上官安女爲昭帝后呼帝爲壻卒以叛誅光與二人同受顧命其行事豈不覩見而故違日磾篤慎之節蹈上官覆亡之規欲其保宗得乎

馮昭儀者右將軍奉世之女也建昭中上幸虎圈鬭獸後宫皆從熊逸出圈攀檻欲上殿左右貴人昭儀皆驚走而馮婕好直

當熊而立左右格殺熊天子問婕好人情皆驚懼何故獨當熊立對曰妾聞猛獸得人而止妾恐至御坐故以身當之帝大嗟嘆益敬重

錄曰此炎祚當微之兆漢嗣將絕之徵不足爲昭儀重實可爲當時惜也夫垂堂之訓千金之子尚然夢熊之祥斯干之詩可驗未聞狎猛獸以爲樂當熊立而無懼者也夫熊可夢也不可見也無故而逸出枉其兆矣不旋踵間趙昭儀者出雖毓育不姝而禎祥屢闕豈非熊逸之明驗與

章帝建初二年欲封爵諸舅因大旱言者歸咎寡恩之故有司奏宜依舊典太后不許詔曰凡言事者皆欲取媚以要福耳昔

王氏五侯同日俱封其時黃霧四塞不開澍雨之應又田蚡竇
嬰寵貴横恣傾覆之禍爲世所傳故先帝防慎舅氏不令在樞
機之位吾可上負先帝之旨下虧先人之德重襲西京敗亡之
軌哉固不許帝省詔嘆曰漢興舅氏之封侯猶皇子之爲王也
太后誠存謙虚奈何令臣獨不加恩三舅乎報曰吾反覆念之
思令兩善豈徒欲獲謙讓之名而使帝受不外施之嫌哉嘗觀
富貴之家祿位重疊猶再實之木其根必傷夫至孝之行安親
爲上今數遭變異穀價數倍憂惶晝夜不安坐卧而欲先營外
封違慈母之訓乎吾素剛急有胸中氣毋違逆也帝乃止
録曰愚觀明德之固遜葢以深懲旣往之事也夫明珠薏苡

虛名之累耳先帝豈眞不明邪懲於匿情求名故不得以疑似忘之襲爵列土實事之驗耳當時豈誠不思邪戒於黄霧四塞故不得以常事忽之明帝知此乃於雲臺之繪亦省椒房之親夫婦母子之間可謂一體而無違矣

按外戚之事疊見西京故馬后重以爲鑒屢請不許此實伏波刻鵠類鶩家法得於性初非由彊作不然彼竇氏者何不驗之往古法於今茲乎再實之木其根必傷位愈尊則責愈重家益富則忌益多戰戰慄慄必如傳所云三命滋恭庶幾其可全也雖然漢文不相竇廣國而不免新莽之篡顯宗不列伏波于雲臺而不免跋扈將軍之名何邪

然后不營外家之封后兄廖克上疏謙謹萃乎一
門與唐郭后辭臨朝郭釗諫狥請者比烈矣
和熹鄧皇后年五歲祖母愛之親爲剪髮年高目瞑悞傷其額流血不言左右怪之曰非不痛也難傷老人之意故忍之耳十二通論語志在典籍家人號曰諸生及長選入宮姿顏姝麗絕異於衆嘗有疾帝令母兄入親醫藥后言宮禁至重不願帝曰人皆以數入爲榮汝反以爲憂乎是時方國貢獻競求珍異之物自后正位中宮悉令禁絕帝每欲官爵鄧氏后輒哀請故兄騭終帝世不過虎賁中郎及爲太后有幸人吉成枉以巫蠱事下掖庭考訊后以先帝待之有恩呼見覈實果御者所爲莫不

嘆服常以鬼神難徵淫祀無福悉罷諸祠官又徵和帝弟濟北河間王子男四十餘人鄧氏近親子孫三十餘人並開邸教學經書躬自監試如永平故事以先公旣以武功書之竹帛兼以文學教化子孫故能備束修不觸憲綱也

錄曰人謂鄧后稱制終身號令自出至使嗣主側目斂衽直士懷憤逢戮然而班母一說闔門辭事愛姪微愆髡剔謝罪亦可謂明矣至建光之後主柄有歸乃致名賢僇辱便佞黨進故知持權引謗所幸者非己焦心卹患自強者惟國固不可以一眚而絕天下之母也

三國志孫堅妻吳氏堅少輕狡吳氏親戚將拒焉夫人曰何愛

一女而以取禍乎遂許爲昏生男卽策與權也策嘗以功曹魏騰忤意將殺之夫人倚大井謂曰汝新造江南方當優禮賢士魏功曹在公盡規殺之則人皆叛汝吾不忍見禍之及當先投此井策大驚遽釋騰曹操下書責權任子權將遣之周瑜詰夫人曰今吳承父兄之資統六郡之衆鑄山煑海境内富饒有何逼廹而欲送質子乎夫人曰公瑾議是遂不遣後尊稱太后薨復引見張昭等屬以後事　權弟翊驍悍有兄策風妻徐氏明慧兼曉卜筮時權殺吳郡太守盛憲憲故吏嬀覽欲報讎適諸縣令長會遇翊將爲東道主徐卜之不嘉言須異日翊不聽乃大會賓客被酒遂爲所殺覽入逼徐徐紿之曰須晦日設祭除

服覽許之使親信語舊將孫高傅嬰復密呼侍養二十餘人潛伏併謀至期祭畢除服覽盛飾而入徐出迎纔下拜即呼高嬰等出執殺覽徐返縗絰奉覽首以祭翊墓

錄曰策之欲殺魏騰即權之忌殺盛憲也徐之卜止其夫即吳之苦諫其子也策幸而聽於未禍之先翊不幸而忽於將傾之際致使母之智畧獲伸哀榮終始而妻之明慧徒切卒以喪亡悲夫雖然以一女流而機變權譎不屈不撓非惟全已之節且能報夫之讎正易所謂恒其德貞婦人吉夫子凶者也徐氏之筴蓋明乎此

晉書華軼妻辛氏字憲英魏侍中毗之女也聰明有才鑒初魏

文帝與陳思王不協及立爲太子抱毗頭曰辛君知我喜否毗以告英英曰代君主廟社禮宜憂戚今反喜何以能久及弟敞爲大將軍曹爽參軍宣帝將誅爽因其從魏帝出而閉城門敞懼問英曰天子在外太傅閉城門人云將不利國英曰太傅殆不爾此舉不過以誅爽耳然則敞無出乎英曰安可以不出職守人之大義也凡人在難猶或恤之汝從衆而已敞遂出宣帝果誅爽事定後敞嘆曰吾不謀於姊幾不獲於義其後鍾會爲鎮西將軍請其子琇爲參軍英曰會在事縱恣非持久處下之道吾畏其有他志此行難至吾家矣因謂琇曰行矣戒之古之君子入則致孝於親出則致節於國在職思其所司在義思其

所立不遺父母憂患而已軍旅之間可以濟者其惟仁乎會至
蜀果反琇竟以全歸
錄曰愚觀辛氏之婦非但料事多中而已其所言魏文之立
得失之大權也曹爽之誅禪代之大機也鍾會之亂治忽之
大務也君臣上下內外親疎之間若燭照而分其黑白權衡
而察其輕重當世之所謂大人君子反多所不逮焉嗚呼是
可以閨門之彥求之乎
王渾妻鍾氏字琰魏太傅繇曾孫也父徽黃門郎琰數歲能屬
文及長博覽記籍美容止善嘯咏禮儀法度爲中表所則既適
渾生濟嘗夫婦並坐濟趨庭而過渾欣然曰生子如此足慰人

心渾弟淪女亦才淑為求賢夫時有兵家子甚俊濟欲妻之白琰琰曰要令我見之濟令與羣小雜處琰自幃中察之謂曰緋衣者非汝所拔乎濟曰是也曰此人才足拔萃然地寒壽促不足展其器用不可與昏遂止其人數年果亡

錄曰以昶之淵識而有渾以琰之鑒裁而有濟一家之中父父子子夫夫婦婦可謂盛矣王氏之典不亦宜乎渾弟妻郝氏亦有德行琰雖貴門與郝雅相親重郝不以賤下鍾鍾不以貴陵郝時人稱鍾夫人之禮郝夫人之法云

按琰之識鑒以神不以形不以目前而以日後大有左氏傳中內史過劉定公諸賢之意不謂婦人具此明眼可與

辛憲英並傳矣鍾郝先後同處其所自母家不無貴盛單寒之殊比而形爲易生嫌隙而郝不爲抑鍾不自高由其德足相嫓故偕忘其門地之懸也宋張孟仁妻鄭玅安孟義妻徐玅圓徐母家富鄭貧徐不驕鄭不諂共居紡績寸絲不入私房家有餽遺必納舅姑處欲用則請之不問孰爲已物鄭歸寧徐乳其子徐歸鄭亦如之太宗表其門曰二難此與鍾郝同踪繼美凡爲娣姒者盡能若是則誠家門興起之兆乎

杜有道妻嚴氏字憲貞淑有識量夫早亡一子植女韡並孤藐憲撫育子女教以禮度植遂顯名韡亦淑德傳玄求爲繼室憲

許之時玄與何晏鄧颺不睦每欲害之故人莫肯與昏及憲許之内外以爲憂曰何鄧執權必爲傳害亦猶排山壓卵以湯沃雪耳憲曰晏等驕侈必敗吾恐卵破雪消行自有日後果爲宣帝所誅植任至南安太守從兄顗爲泰州刺史被誣徵還憲寓書戒之俾含垢恐辱當至三公後顗果爲儀同三司玄前妻子咸年六歲隨其繼母省憲憲謂咸曰汝千里駒也必當遠至以其妹之女妻之後亦有名海内

錄曰杜母之德慧術智豈等常可及哉其料何鄧之敗匪但專門管輅常言鄧之筋不束骨此爲鬼躁何之血不華色此爲鬼幽是也而器長虞之才豈伊文士潁川庾純常嘆傅咸之文近乎詩人之作是也一則斷之以理一則察之以行

然果何以得此哉正惟在巳者存之乎疢疾故在天者玉之乎成人葢不但孤臣孽子而寡妻貞婦亦莫不然者也

按舉世人情如憲內外者多矣當其貴盛載寶輿金而往唯恐或却及夫失勢無權窮途落魄雖敝袴猶將惜之晉郗夫人謂二弟曰王家見二謝傾筐倒庋汝輩來平平耳以右軍名流未免世情至爲兒女子窺破彼結姻婭爲膴仕之媒與夫悔親於鵲化鳳凰者豈惟一二人巳哉而孰有如憲者審驕侈之敗識千里之駒深含垢之戒揆之天道按之人情乘除消長皆見夫人所必不然之際其智豈婦人能之乎

劉殷妻張氏殷博通經史儉而不陋淸而不介司空齊王攸辟爲掾征南將軍羊祜召參軍事皆以疾辭同郡張宣子識達士也勸殷就徵殷曰當今二公有晉之棟楹吾方希達如榱椽耳不憑之豈能立殷有王母在旣應他命無容不竭臣禮便不得就養此子輿所以辭齊大夫也宣子曰如子言豈庸人所識哉遂以女妻之宣子本并州豪族家富於財其妻怒曰我女姿識如此何慮不得爲公侯妃乎宣子曰非爾所及也誡其女曰殷至孝兼才識超世此人終當遠達汝其謹事之張性亦婉順事王母以孝聞奉殷如君父焉生七子五子各授一經一子授太史公一子授漢書一門之內七業俱興北州之學殷門爲盛

錄曰古以孝廉舉人故感董錫粟之事紛紛簡册不足錄也而宣子之達識至擇壻於交談之間此眞聽言觀行之實愛女者取以爲法可也至五子各授一經一子授太史公一子授漢書一門之內七業俱興此尤教子者所當法云

宋史章獻明肅劉皇后性警悟曉書史聞朝廷事能記其本末眞宗退朝閱天下封奏多至中夜后皆預聞宮闈事有問輒傳引故實以對帝深重之天禧四年帝久疾居宮中事多決於后仁宗立尊爲皇太后軍國重事權取處分與帝同御承明殿稱制十一年號令嚴明未嘗妄有改作內外賜與有節舊賜大臣茶有龍鳳飾太后曰此豈人臣可得命有司別製賜族人御食

必易以釦器曰尚方器勿使入吾家
錄曰此宋母后臨朝稱制之始也易之家人曰富家大吉順在位也是時以帝則疢矣以太子則冲矣苟無后之明智天下孰從而理之帝之深重艮有以也始出臨朝向無故事苟效漢唐覆轍宋室何由而正乎今居正而不失爲下之體承天而不違時行之道方仲弓請立劉氏廟則拒之程琳獻武后臨朝圖則絕之他如却漕臣之羨餘易尚方之器用從宰執之深慮加宮嬪之恩禮皆國家大事后之所爲不可及矣
按后起寒微幸以李司寢之子爲子得垂簾聽政十有餘年然周懷政之變仁宗幾致不免不能調護而問武后於

魯直詰李廸之若何以私德寵張耆欲撓法釋齊雄拒薛
奎之諫而服袞冕斥宋綬之官因取帝旨罷王曾之相以
裁請謁皆累德之大者至仲弓之請慈孝之遊太妃之繼
使無宗道諸君言之寧不前帝輦而立劉宗女后稱制訖
無了期乎但立郭后誅允恭罷惟演並爲善政宜帝始終
盡孝至沒後而無間言也

仁宗曹皇后性明智頗涉經史善飛白書慶曆八年閏正月帝
將以望夕再張燈后諫止後三日衛卒數人作亂夜越屋叩寢
殿后方侍帝聞變遽起帝欲出后閉閤擁持趣呼都知王守忠
使引兵入后度賊必縱火陰遣人挈水踵後果舉炬焚簾水到

隨熄是夕所遣宮侍后皆親剪其髮諭曰明日行賞用是爲驗故爭盡死力賊卽就擒閤內妾與卒亂當誅祈哀幸姬帝貸其死后請論如法曰不如是無以肅淸禁掖英宗方四歲后拊鞠周盡迨立爲嗣贊策居多帝夜暴崩后悉斂諸門鑰寘於前召太子入及明宰臣韓琦等至奉英宗卽位帝感疾請權同處分軍國事御內東門小殿聽政大臣奏事有疑未決者則曰公輩更議中外章奏日數十逐一能紀綱要檢柅曹氏及左右臣僕毫分不以假借宮省肅然

錄曰明肅之臨朝有心干政也故內有周懷政楊崇勳楊懷吉之亂外有丁謂錢惟演曹利用之謀苟無王曾之正色未

見其善始令終也光憲之臨朝無意攬權也故大臣日奏事有疑未决者未嘗出以已意雖無韓琦之危言未見其貪戀權勢也葢生長世臣之家自非寒門可比而武惠仁恕淸慎教育諸子皆成材器家法如此所以警悟曉書史則同而其存心則自異乎

英宗高皇后仁明有智神宗累欲爲高氏營大第后不許久之斥望春門外隙地以賜凡營繕百役悉出太后不調大農一錢帝不豫宰執王珪等入問疾后泣撫哲宗曰兒孝順自官家服藥未嘗去左右喜學書誦論語乃令見珪等是日策爲皇太子及蔡確貶后謂大臣曰元豐末吾以今皇帝所書出示王珪珪

奏賀遂定儲極且以子繼父有何間言而確自謂有定策功妄
扇事端規爲異時眩惑地吾逐之此宗社大計姦邪怨謗所不
暇恤也從父遵裕坐失律抵罪蔡確獻諛乞復其官后曰遵裕
靈武之役塗炭百萬先帝中夜得報驚悸徹旦不能寐馴致大
故事由遵裕得免刑誅幸矣吾何敢顧私恩而忘大義宋用臣
既斥祈乳媪入言冀復用后見其來曰汝來何爲得非爲用臣
等游説乎且汝尚欲如曩日求內降干撓國政邪若復爾吾當
斬汝自是內降遂絕及不豫呂大防范純仁等問疾后曰試言
九年間曾施恩高氏否只爲至公一男一女病且死皆不得見
言訖淚下曰日前往事先帝追悔每至泣下此事官家宜深知

之又曰正欲對官家說破老身没後必多有調戲官家者宜勿聽公等亦宜早退令官家别用一番人乃呼左右問曾賜齣社飯否公各去吃一匙明年社飯時當思老身也

錄曰觀宋宣仁太后臨没格言可爲三復流涕也因考北魏馮太后俱以祖母臨朝而宣仁有十善馮后有十罪何謂十善仁明一也慈烈二也任賢三也敬故四也除苛政五也罷新法六也安內境七也戢邊地八也不受正衙朝賀九也絕外家私恩十也是孰非可思者乎何謂十罪擅權一也稱制二也失行三也私寵四也鴆君五也專殺六也忌主英敏七也盛寒閉主不食八也聽宦官譖九也杖主數十十也是孰

非可恨者乎然一則社飯未寒而力排旁午一則金册告謚
而哀毀不徹頁由繼體之昏闇有以使之也不然祖孫一體
后以言之諄諄而帝聽之藐藐其眞謂戲之謂夫
按宋母后如曹高向孟臨朝稱制或當冲人踐祚之時或
遭國事危難之際並可媲美賢君無媿女中令主不若呂
武輩不可同語即竇鄧亦迥不及也雖然女爲男主天地
翻覆是啟陰乘於陽之漸豈向明而治所宜哉必若三王
之制君薨太子幼則百官總已聽之冢宰如公旦攝行故
事乃爲至當是以同姓親賢必當素置左右不可以猜忌
而輕其權遠其地此宗社大計斷然以三代爲法者

富弼韓國夫人晏氏元獻公女也弼初遊場屋穆修謂之曰進士不足盡子才當以大科名世適有旨以大科取士時弼父言官耀州將西歸范文正遣人追之可亟還至京師見文正辭以未嘗學此文正曰已聞諸公薦君矣久爲君闢一室皆大科文字可往就館時元獻爲相求昏於文正文正曰公女若嫁官人仲淹不敢知必欲國士無如富弼者元獻一見大愛重之即許昏弼遂以賢良方正登第初言爲呂文穆公門客一日白文穆曰兒子十許歲欲令入書院事廷評太祝文穆許之及見驚曰此兒他日名位與吾相似而勳業遠過於吾令與諸子同學供給甚厚後弼果至宰相時稱三公知人無忝晏氏云

錄曰愚觀塵埃物色之設雖曰難希而蛟龍騏驥之需自當有辨特以三公一則不因門客之微而私其子一則不以宰相之貴而吝其女一則不避嫌疑之迹而薄其徒卒之鸞凰並耀氷玉交輝楨梁媲美家國天下一時均有所賴若此等事卓然罕見其倫矣

按玉韞山輝珠含川媚鹽車艮驥必有伯樂遭逢爨下焦桐自得柯亭賞識天生我材必有用吾輩豈是蓬蒿人宜熟思與日經綸必須可行可效不得以目前折挫因而自暴自戕特慮小善片長本不甚異望塵干進輒欲自媒則燕石求售反詒識者之羞遼豕偶矜益增旁觀之誚耳夫

蘭生空谷卽不言而自芳鳳出丹山雖知希而仍瑞漢季明推氷鑑爲褒諸葛以嘉名唐時感歎包容因昧婁公之盛德過眼雲迯五色咎在東坡逼衢石曳七言悔深魏國則夫任情傲物交臂失人元屬彼見之庸不當我引爲恥設或揄揚過實聞譽失眞縱極詰峰巔難副升高之期望倘偶乖軌道便遺推轂之愆尤故僕僕風塵中定無物色而闒闒草澤內乃顯英賢許國之禮韓公元獻之信文正蕕臭味本合如磁珀之吸芥針介紹相通定梯航而躋津要者哉

弘道錄卷之十八終

弘道錄卷之十九

明刑部員外郎仁和邵經邦弘齋學

皇清詹事府少詹事四世孫遠平補案

昆弟之智

孟子萬章問曰象曰鬱陶思君爾忸怩舜曰惟茲臣庶汝其於予治不識舜不知象之將殺已與曰奚而不知也象憂亦憂象喜亦喜

陳賈曰周公使管叔監殷管叔以殷畔有諸孟子曰然曰周公知其將畔而使之與曰不知也然則聖人且有過與曰周公弟也管叔兄也周公之過不亦宜乎

錄曰權者聖人之大用而智乃行權之大本權非大聖人不敢用智非大聖人不能由各要其至而已矣象之時舜非不能行權也而九男二女百官牛羊其心方且如窮人無所歸故象憂亦憂象喜亦喜非眞智不足也爲是以順乎親耳管蔡之時周公非不能用智也而王室初定頑民尚多其心詎恐薄視其親邪故始以監殷終以討畔非眞仁不足也爲是以安王室耳後世若不行太原之賞當予而不予以致痴兒之慚憤信虛褱之辭當決而不決以致喋血之大變者其仁與智胥失之矣

按舜與周公俱遭兄弟之變而處之各異何邪蓋象日欲

殺舜其意不過干戈琴張爲身謀爾若管蔡啟商恭聞王室直關天下大計詎可顧私恩惜小節而廢大義哉故象可封則封之管蔡必誅則誅之揆之天理人情洵皆至當不易載觀蔡仲之命益知公之心無以異乎舜之心也或謂商家兄終弟及當周公負扆時管叔亦疑弟之遂即眞也而爲不利孺子之言迨王反迎周公叔不自安於是挾武庚以自固叔之罪成於疑公實非畔王然叔苟乃心王家何不明言於公而流言於國及王既悟而仍不束身歸罪監殷而反以殷畔逆節顯然安所逃責有明靖難之師實類此故正學諸公盡忠不顧惜乎建文柔闇猶曰不使

朕負殺叔父名甘致覆沒夫抗君爲亂臣逆父爲賊子而尚以叔父名之可乎

易明夷利艱貞晦其明也內難而能正其志箕子以之

錄曰書云我其發出狂吾家耄遜于荒所謂外晦其明也自靖人自獻于先王所謂內守其正也此古聖人旣明且哲以保其身與人之術其智識而中實不足者不可同日語矣

左傳惠公元妃孟子孟子卒繼室以聲子生隱公宋武公生仲子仲子生而有文在其手曰爲魯夫人故仲子歸於我生桓公而惠公薨是以隱公立而奉之

錄曰夫大義之不明與幾事之不密均之爲不智也惠公元

妃既卒則聲與仲皆妾也而掌上之文不必論矧公薨又無治命則隱與桓皆庶也而攝位之名不必居此義不明則未免小人之窺伺尤當追改前失使名正言順本拔源塞則羽父之謀不敢肆而桓亦或安於其分矣此幾又失而猶怡然不見其禍吾不知隱公之爲心也孔子曰人無遠慮必有近憂胡傳亦曰由辨之弗早辨其何能淑也夫

按自古以兄弟次者其後必起爭端故武王之聖不畀周公非私己子息亂萌也崇友愛之誼啟宗社之危所失實多隱攝而桓且弑之可以鑒矣夫春秋何以托始乎隱公公羊曰春秋善善長隱公有讓位之善故從善始穀梁曰

春秋惡惡之書隱成父之惡爲惡故自惡始兩說何其大相懸也至夫子作經之年史記謂厄陳蔡時則是哀六年左氏謂自衞反魯則是哀十一年公羊謂西狩獲麟則又在哀十四年其所始亦將何據乎夫獲麟作書本屬不幸而反謂素王之符瑞漢儒競倡其說尤爲不經大凡讀書者求之不得其故必至穿鑿各出臆解以揣摩千百世之上此固文人通病豈獨公穀爲然哉

蔡桓侯卒蔡人召蔡季于陳季字也蔡侯之弟秋蔡季自陳歸于蔡按胡氏蔡封人無子季次當立封人欲立獻舞而疾季季避之陳封人卒乃歸奔喪無怨心以賢而字之

錄曰可以止而不止可以速而不速者隱公也乎如無予奪

如無奪者宋穆公也可以去則去可以止則止可以取則取可以舍則舍者蔡季也夫是而莫不賢智之也

莊十一年秋宋大水公使弔焉曰天作淫雨害於粢盛若之何不弔對曰孤實不敬天降之災又以爲君憂拜命之辱臧文仲曰宋其興乎禹湯罪己其興也勃焉桀紂罪人其亾也忽焉且列國有凶稱孤禮也言懼而名禮其庶乎既而聞之曰公子御說之辭也臧孫達曰是宜爲君有恤民之心

錄曰臧文仲以宋罪己而與其然乎夫大水之徵陰沴之象也與其罪己而獲虛名孰若反躬而道實禍乎夫勇而無禮亂之首也閔之自侮自伐故天降之辜如影之從形聲之應

響豈有心恤民之謂哉

按成湯七年之旱史無其文若禱七年而始雨是天棄湯也旱七年而始禱是湯棄民也且聖人修德以回天未聞躬作犧牲而可以誣天者宋襄用鄫子于社公穀謂取其鼻血釁祭器以畜禮辱之若左氏言古者六畜不相爲用如祭馬祖不用馬之類則直殺其人用之與昭十年三卿獻莒俘而用人以祭亳社此皆亾國之妖事司馬子魚臧武仲皆能斥其非而湯天錫之智顧不若邪

楚子觀兵于周疆定王使王孫滿勞之楚子問鼎之大小輕重焉對曰在德不在鼎昔夏之有德也遠方圖物貢金九牧鑄鼎

象物而爲之備使民知神姦故民入川澤山林魑魅罔兩莫能逢之用能協於上下以承天休桀有昏德鼎遷于商載紀六百商紂暴虐鼎遷于周德之休明雖小重也其姦回昏亂雖大輕也天祚明德有所厎止成王定鼎于郟鄏卜世三十卜年七百天所命也周德雖衰天命未改鼎之輕重未可問也

錄曰愚觀王孫滿之智足以有爲然而不爲者不自强也楚爲無道洊食諸姬封豕之雄嵎虎之暴夫豈不聞之周之君臣誠及是時明其政刑楚方畏服之不暇奈何札子矯命毛蘇亂邦僭殺奸戮辱孔甚矣雖能折自外之口無以奮自强之謀卒至子朝之奔楚鼎之不鼎何待問哉

按書云天難諶命靡常又曰皇天無親惟德是輔當武王遷鼎時必無預卜其歷年之久長傳祚之綿遠俾後世子孫恃數而任天之理滿特假此以挫其問鼎之雄爾豈眞有卜世卜年之說哉考郟鄏一名王城周公營以爲都者其地在河南成周卽下都周公營以遷殷頑者其地在洛陽自平王東遷歷十二王皆居郟鄏至顯王二年韓趙分周爲二國始有東西二周之名故春秋之前稱西周者豐鎬也稱東周者郟鄏也戰國以後稱西周者河南也稱東周者洛陽也周公立都不欲全其天險使後人有所懼斯眞在德不在鼎之意乎

伍尚弟員奢之子也楚平王執奢費無極曰奢之子材若在必憂楚國盍以免其父召之必來王使召之尚謂員曰爾適吳吾將歸死吾智不逮爾聞免父之命不可以莫之奔也親戚爲戮不可以莫之報也奔死免父孝也度功而行仁也擇任而往智也爾其勉之奢聞員不來曰楚君大夫其旰食乎

錄曰員之倒行逆施固未嘗無憾也至於無極吾不知其所責何也夫新臺之玷青蠅之汙小弁之怨殄瘁之憂稔惡至此亦云極矣何爲又以其子材而督之報乎欲絕禍本而祇以長之費之亾無日矣知有吳而爲之挺其走知將沼而爲之扇其瀾員之不奔安在其不奔乎是故無免父之召或可

緩伐楚之謀無棠君之奔未必速子胥之去天之好還理之從讐莫可以知其然也

按禮君子奔不適讐國若未臣所適之國而有伐吾本國者還而死之故世之論員者謂奢之死建實以存楚爲心而乃召吳入郢幾亾楚社當非父兄本意以此少員然楚平以聽讒之故遂并殺其父兄且無極明言二子材且仁乃竟不一轉念使員於此時從父俱死不過博一愚孝之名而已况尚决弟之能報奢亦知楚君大夫之旰食其腐心决背之憤一往莫遏卽有萬夫非之而不顧者彼江上丈人擊綿女子非有夙昔之知周親之誼也一旦卒遇尚

且不惜一死以滅其蹤冀成其志茍非怨痛入骨足以動天地泣鬼神烏能甘心致此乎迨至吹簫乞食備極困窮求鱄設諸以刺僚而干闔廬其中順逆是非一切付之不問處心積慮斯須不忘弗共之讐總期快心於一擊從古復讐之舉極屈於前而極伸於後者舍員而外無聞焉夫魯莊蔡平擅有一國且靦顏親仇即夫差三年報越亦半途而輒止員以孤子逵竄之身百折不回之氣方之三君其孝當居何等顧不深維其苦志而槩以三代以上之禮衡之豈畧跡原心之法哉

通鑑田單者齊宗人子也爲臨淄市掾燕人攻安平單使其宗

人皆以鐵籠傅車轊及城潰人爭門而出皆軸折車敗爲燕所擒單獨以鐵籠得免遂奔卽墨時齊地皆屬燕惟莒卽墨未下樂毅乃并右軍前軍圍莒左軍後軍圍卽墨卽墨人曰安平之戰田單宗人以鐵籠得全是多智習兵因共立爲將以拒燕

錄曰毅之兢破七十餘城而兩城不能拔其故何與夫燕齊之禍久矣其始也罪止一子之耳固無所與於其宗廟社稷也其終也罪止一湣王耳亦無所與於其宗廟社稷也使誅一子之求其所以代子之者固不爲齊有也戮一湣王求其所以代湣王者亦不爲燕有也奈何二國之不然也當其伐也不以置君爲重而以全燕爲利故其報也亦不以好還爲

念而以必得爲功使誠如孟子言則且無樂毅之圍又何莒即墨之不下哉譬之鄉鄰有訟者舍其心之所寃而持其陰之所重則經歲累年而不决必待劫而反之而後可理也厥後田單復齊之所有而不鶩燕之所入然後燕齊之禍解是可以爲智豈在區區鐵籠之計哉

智果者宣子之弟也初宣子之子瑤將立以爲後果曰不如宵也瑤之賢於人者五其不逮者一美鬢長大則賢射御足力則賢伎藝畢給則賢巧文辯惠則賢彊毅果敢則賢如是而甚不仁夫以五賢陵人而以不仁行之其誰能待之若果立瑤智宗必覆弗聽果乃别其族於太史自爲輔氏

錄曰牾哉智果乎其論瑤也若決著龜何宣子之弗聽也夫仁道不明久矣以盧之令令而謂之美且仁則瑤之賢不可謂仁乎然而不察乎其心則桀非不巧文辯慧紂非不强毅果敢羿非不美鬢長大叚非不射御足力而南宮長萬非不技藝畢給也是以仲尼之門無道五賢之事者而惟仁爲之本不仁則百行不足贖職是故與當三家分晉時人心亡矣又可居下流哉果之別族惡天下之惡歸之也

漢書劉德者漢宗室休侯富之子也少有智畧數言事召見甘泉宫武帝名之千里駒昭帝初累遷宗正雜案上官蓋主事德常持老子知足之計妻死大將軍光欲以女妻之謝不敢畏盛

滿也常責蓋長公主起居無狀公主孫譚遮德自言侍御史以爲光望不受女承指劾德誹謗詔獄免爲庶人光聞而恨之復白召德守青州壽復爲宗正宣帝立以定策功累封陽城侯爲人寛厚好生每行京兆尹事多所平反家産過百萬則以振昆弟賓客食飲曰富民之怨也

録曰傳曰貨悖而入者亦悖而出戊固悖矣禮亦未爲得也不旋踵而延壽遂亾此悖入之患也富之自歸京師不從戊逆可謂愼德矣故其子亦知止足是以吉凶禍福之端乃忠信驕泰之别從古聖賢決之已熟何但老氏爲然乎

按石崇臨收逮時始曰奴輩利吾財耳與德先知財之爲

患而蚤散之相去誠有間矣夫財如流泉專之必禍乃往往見積財不出者愈入愈盈而豪俠好施之性每多缺之難給或致疑於財之爲物固喜靜而不喜動乎德果能振昆弟賓客其産必不得過百萬若待過百萬而後振是亦徒存虛願爾自主父偃謀分諸侯王國以來宗室所入無幾豈當文帝休養之餘景帝三十稅一之後即如武之孳孳貨殖而民生不致凋殘故宗室中富過百萬者等於尋常乎何與史記之言相刺謬也

宣帝元康五年元帝爲太子疏廣爲太傅受爲少傅從昆弟子也太子年十二通論語孝經廣一日謂受曰吾聞知足不辱知

止不殆今吾官至二千石宦成名立不去懼有後悔即日移病乞骸骨上皆許之加賜黃金二十斤皇太子贈五十斤公卿故人設祖道供張東都門外道路觀者皆賢之歸鄉里賣金置酒請族人故舊賓客相與娛樂或勸廣以其金爲子孫頗立產業廣曰吾豈老悖不念子孫哉顧自有舊田廬令子孫勤力其中足以供衣食與凡人齊今復益之爲嬴餘但教之怠惰耳賢而多財則損其志愚而多財則益其過且富者衆之怨也吾不欲益其過而生怨又此金者聖主所以惠養老臣也故樂與鄉黨宗族共饗其賜以盡吾餘日

錄曰二疏之翻然辭位蓋懲霍光之事其不治生產亦以顯

禹雲山之覆轍也是故前乎此者有張安世後乎此者有王吉皆以知足不辱知止不殆爲言若以爲預識太子之不足恃則二子無是心也蕭望之以韓延壽代已爲馮翊有能名謂出已上故忌害之欲中以危法而二疏者方且以子孫之益過生怨爲慮又肯與人相訐哉其後恭顯陷之亦與延壽一間耳非帝得而爲之也

按廣不爲子孫立產業其爲子孫計者至深矣凡人之處貧約也惴惴焉惟恐墜厥家聲究之墜者或什一焉其敗名者必懷與安者也蓋平居飽煖無求心志何由振作又其下者或因席豐履盈馴至不辨菽麥放溢驕侈必且舉

先世成業而蕩覆之是愛之適以害之爾損志益過兩言并包古今世祿子弟情狀作爲靡出此外廣之明見如是謂其追媿移生而不爲蕭望之之闇也有以夫

馮野王父奉世爲右將軍光祿勳野王復爲左馮翊父子並居朝端議者以爲器能宜於其位非因女寵故也及遷大鴻臚守上郡治行稱第一弟立初爲平原太守又代爲上郡在職公廉畧與野王相似而多智有恩貸好爲條教吏人歌曰大馮君小馮君兄弟繼踵相因循聰明賢智恩惠民政如魯衛德化均周公康叔猶二君與弟逡參皆知名更治五部輒有最迹

錄曰人謂君卿兄弟皆賢於治郡愚尚謂其拙於謀身何也

其曰人皆以寵貴我獨以賤者言兄弟皆王舅不得備樞機也嗚呼斯言也未免殉於時乎殉於時不爲五侯則爲丁傅何可以智稱邪時王綱紊矣逢萌梅福猶懼浼已矧可濡滯乎此唐之武攸緒所以卓乎其不可及也

馬援少時以家用不足辭其兄况欲就邊郡田牧况曰汝大材當晚成良工不示人以樸且從所好遂之北地田牧嘗謂賓客曰丈夫立志窮當益堅老當益壯後有畜數千頭穀數萬斛既而嘆曰凡殖財產貴其能賑施也乃盡散親舊聞隗囂好士往從之囂甚敬重與決籌策

錄曰愚觀馬况之論而嘆大材欲遇良工之難也蓋援生新

莽之時天下無所往矣是故出則爲紀唐處則爲龔鮑自分其老且窮也豈惟援知之況亦知之向非南陽龍興不終於邊郡田牧乎嗟乎鄧林之產樸不徒生藍田之資價且百倍卒之身爲將相名垂竹帛女爲元妃德冠後宮其成就之晚豈尋常乎哉故士之遭際不可以遲速觀而甘心固守乃丈夫之志不可以不自重也

東平王少好經書雅有智思爲人美須額腰帶八圍顯宗甚重之拜驃騎將軍位在三公上時四方無虞王以天下化平宜修禮樂乃與公卿共議定南北郊冠冕車服制度及光武廟登歌八佾舞數帝每巡狩常留鎮侍衞皇太后在朝數載多所隆益

自以至親輔政聲望日重意不自安上疏歸印綬情辭懇切五年許還國而不聽上將軍印綬以驃騎長史爲東平太傅掾爲中大夫令史爲王家郎加賜錢二十萬布十萬匹

錄曰夫自周室既往姬召亦衰漢興以來宗室子弟無得在公卿位者顧乃率任外戚豈毋之親屬獨愈於祖父之同氣乎此皆之其所親愛好樂而辟焉者由是身不修而家國天下亂且交作矣聖人戒之於前西漢蹈之於後僅而改弦易轍章和以下復漸如昔矣

李固之女文姬同郡趙伯英妻也賢而有智固既策罷文姬知不免悲曰李氏滅矣固有少子燮乃密藏之頃之難作二兄受

害姬告爻門生王成曰先公有古人之節因君執義令委以六尺孤李氏存㓕在君成感其義遂將燮乘江東下入徐州變姓名爲酒家傭而成賣卜于市陰相往來燮從受學酒家異之以女妻燮專精經學十餘年梁冀旣誅史官上言宜存錄大臣寃死者子孫於是幷求固後燮得還鄉里姊弟相見悲感旁人旣而戒燮曰先公正直爲漢忠臣遇梁冀肆虐令吾祖宗血食將絕今弟幸而得濟豈非天邪宜杜絕衆人勿妄往來慎無一言加於梁氏雖引咎而已燮謹從其誨

錄曰愚觀李文姬之智與蔡文姬之慧可同語哉揞以自固曰智聰以悅人曰慧二姬之頓異人巳之攸分也雖然固之

賈禍不爲不深姬之慮患不爲不切卒奈何父既不肯立帝子復不肯立王何物不懲乃至於此若樊者豈惟世稟茲直可謂載錫之光者乎

按古云怨毒之於人甚矣哉其大者自有夫子直報之說若睚眦之忿期於必報則器局褊淺與彼人相去恐不能以寸若冀之害固事關朝綱原非小怨可比然公道已申千古自有定論姬之所戒非故效爲長厚特慮於可逞已志之時不留餘地則前日所經患難復恐循環無已此雖世極太平人無荊棘尙且反復難料況當桓靈之代乎姬言眞深識世情者矣

晉書謝玄者安弟子也安乃心王室戒約諸子嘗曰子弟何豫人事而正欲使其佳玄答曰譬如芝蘭玉樹欲使其生於庭階耳安悅之時苻堅强朝廷求文武良將可鎮北方者安以玄應舉郗超聞而嘆曰安違衆舉親明也玄必不負所舉才也於是徵拜建武將軍監江北諸軍事玄自廣陵西討進據白馬與戰大破之堅自率兵次項城衆號百萬先遣苻融慕容暐等至潁口詔以玄爲前鋒都督率衆八萬距之玄使謂融曰君遠涉吾境而臨水爲陣是不欲速戰何不稍卻令將士得周旋僕與諸君緩轡而觀之不亦樂乎堅衆皆曰宜阻淝水令莫得上堅曰但卻軍令得過我以鐵騎逼之蔑不勝矣融以爲然遂麾使卻

陣衆亂不能止玄等以精銳八千渡淝水決戰堅衆潰自相蹈藉聞風聲鶴唳皆爲晉兵草行露宿重以饑凍死者十七八旣而安奏宜乘其釁畧定舊都玄復率衆次彭城三魏皆降以兗青豫徐冀幽幷都督七州軍事封康樂縣公

錄曰謝安淝水之戰與周瑜赤壁之師何以能必勝邪先儒有言曰巧於取齊拙於取楚然則遲早工拙之間進退疾徐之際正君子好謀而成時也夫以吳魏之不敵猶秦晉之相懸久矣故在當時一則以迎敵爲言一則以根本爲憂苟非計定於中能保其必勝乎是故曹操百萬之師苻堅斷流之舉楚計之拙也周郎一葦之便謝公半渡之擊齊計之巧也

善爲敵謀者以爲更出迭入誰能當之乎雖然六朝之不能混一者天也惟天故多效順而天風鳥聲山雲草木皆所不期然而然者是雖謝晃之智而識者之鑒亦莫能逃矣

南史謝瞻者晦之兄晦爲宋臺右衛權遇已重自彭城還都過家賓客輻輳門巷填咽瞻駭謂晦曰汝名位未多而人歸趨乃爾吾家素以靖退交遊不過親朋而汝勢傾朝野豈門戶之福邪乃離隔門庭曰吾不忍見此及還彭城言於高祖曰臣本素士父祖位不過二千石弟年始三十志用凡近榮冠臺府位任顯密福過災生其應無遠特乞降黜以保衰門及晦建佐命功瞻愈憂懼在郡遇疾不肯治幸於不永臨終遺晦書曰吾得啟

體幸全歸骨山足亦何所恨弟思自勉勵爲國爲家

錄曰自智果别族爲輔氏其後亂臣賊子不幸而遇之卒無善處之策今觀宣遠至不愛其生甘心早逝以明素志詩不云乎尙寐無吪夫其可哀之至乎至傳亮躬自蹈危乃亦著演愼論冀以攘抑後禍禦庇身災斯不智之甚者也

按瞻離隔門庭非欲僅免已禍實冀晦因此稍自斂戢耳臣門如市臣心如水猶不免於主疑何況不能如水自古幸免者有幾迨晦不見聽而始言之君亦猶馬服君妻不欲將括之意臨歿數語自幸其死則當平日無恙時其苦心積慮可想見矣晦卒不悟終以伏誅一父之子智愚相

去若此其遼邪獨何邪

三國志吳孫策弟權堅之子也策病甚呼權佩以印綬謂曰舉江東之衆决機兩陳之間與天下爭衡卿不如我舉賢任能各盡其心以保江東我不如卿

錄曰伯符猛幹傑濟英銳冠世覽奇取異志陵中夏身雖早沒而三分之勢已肇基於此矣時炎鼎已微羣雄各據若袁若劉若謙若瓚不可勝數而能卒保江東伯符之見其可誣哉他如譚尚之流豚犬之輩祇爲魚肉而已故曰生子當如孫仲謀知弟莫如孫伯符信哉

唐書武攸緒則天皇后兄子恬淡寡欲好周易并莊子書見后

華唐命爲周乃變姓名賣卜固辭封爵后初疑其詐許之攸緒結廬巖下如素遁者后復遣兄攸宜敦諭卒不起盤桓龍門少室間冬蔽茅椒夏居石室市田雜作自混於民中宗以安車召拜太子賓客苦祈還山安樂公主出降遣舍人李邈以璽書迎之詔見日山帔葛巾不名不拜賜予無所受親貴來謁道寒溫外無他言俄而諸韋武氏連被族誅唯攸緒不及

錄曰攸緒好莊周之言豈無謂哉其言曰福輕乎羽莫知之載禍重於地莫知之避以其善於避禍故好之也雖然易之同人一陰居衆陽之內衆陽之所同欲聖人恐其昵於私也故戒之曰同人于野亨謂居曠野則無邪暱之私矣當武后

乘權時宗族誰不願附附之未久禍結滋甚攸緒獨能超然遠引存心物外非識見之卓越德行之謹容能如是哉可謂得大易之旨非但莊生之言也

按承嗣三思之間乃有攸緒誰謂於泥中無清漣哉韋后之誅諸韋無少長皆棄市諸武殺滅殆盡存者獨攸緒及平一耳平一在韋氏時亦能違權勢出直言而其曾孫遂有讜論之元衡爲宰相好直之儒衡爲舍人是則赫燄逞於一時而謙退盛於奕世以全其身以完其名以延其後所得獨多非智者而能討及數世之遠乎宋儒謂莊周逍遙遊即中庸無入不自得之意尸祝不越樽俎而代即君

子思不出位之意是以諸子稱子南華尊之曰經非僭矣也攸緒卻嗜此書宜其飄然物外遺世而獨立也與

婁師德寬厚淸愼犯而不校及弟某除代州刺史將行師德謂曰吾兄弟榮寵過盛人所疾也將何以自免弟曰自今雖有人唾某面某拭之而已庶不爲兄憂師德愀然曰此所以爲吾憂也人唾汝面怒汝也而汝拭之則逆其意而重其怒矣夫唾不拭自乾當笑而受之

錄曰嘗讀唐新舊二書而嘆當時筆削之無當也夫刺史之官不爲小矣師德之弟不爲微矣而二書皆失其名況於尋常卑陋者哉抑唾面自乾之說古今頗爲美談苟以夫子出

門如賓與非禮四勿自處則唾何從而至非唯將不唾亦且不能唾矣於此而尚欲加之橫逆則與禽獸奚擇哉故觀師德與弟之言雖一朝避患之法至孔顏冉孟之論實萬世立身之本也

按唾面自拭其弟亦故設此境以爲如此豈得不較而公愀然以爲憂意其少不更事未免有拂人之爲故以不拭進之使推類以充之耳不然中正之道是是非非本有一定既不可太直違時自宜常存謙畏絕可唾之由於未唾之先而不當容忍於唾之之際也葢人所以來唾諒必有因果我所作舛謬惟有虛心改謝寧得僅以自乾了之想

此方問即答止是答其所問亦就已無所迕而橫逆來加爲言餘不暇計也然觀李昭德當朝堦中罵公爲田舍夫公徐答曰某不爲田舍夫誰當爲邪則公實以已所常存者詔之弟何患其不體而行哉

宋王憲多智審音時凉州獻新曲明皇御便坐召諸王聽之憲曰曲雖佳何以宮離而不屬商亂而暴殆似君卑逼下臣僭犯上夫事發於忽微形於音聲播於歌詠見於人事臣恐他日有播遷之患帝聞之不悅及安史亂起乃思王審音云

錄曰宋王之智明於蓍龜雖當時鉅公若姚宋張韓殆不如也葢九齡之識祿山以其相猶可據也王憲之料明皇以其

音無可憑也由其出於衷誠不憚垂涕泣而道使帝從此改
弦而更張之則其言不爲虛矣徒恩王審音而不嘉王之忠
愛服王之先知豈知言者哉
韓皐休之孫滉之子也少知音律自謂長年後不願聽樂以門
內事多逆知之聞鼓琴至止息嘆曰美哉嵇康之爲是曲其當
晉魏之際乎其音主商商爲秋秋者天將搖落肅殺其歲之晏
乎晉乘金運商又金聲此所以知魏方季而晉將代也緩其商
弦與宮同音臣奪君之象知司馬氏之將篡也王陵毋丘儉文
欽諸葛誕相繼爲揚州都督咸謀興復爲司馬懿父子所殺康
以揚州故廣陵地陵等皆魏大臣故名其曲曰廣陵散言魏散

亾自廣陵始止息者晉雖暴興終止息於此其哀憤躁蹙憯痛廹脇之音盡乎是矣永嘉之亂其兆乎康避晉魏之禍託以鬼神以俟後世知音者云

録曰阜之意借秦爲喻欲以諷曉當世也祿山之亂滉兄弟被害者七人故曰以門内事逆知之可以見名門故族高識遠慮不但一宋王憲然也

宋史張奎弟亢唐河南尹全義七世孫也全義守洛四十年洛人德之及奎知河南晳畧儀觀見者曰眞齊王孫也治身有法風力精强吏不敢欺亢豪邁有奇節雖起儒生饒智識洞曉韜畧兄弟知名於時先是亢論西北攻守計章數十上會元昊益

熾引兵屯琉璃堡時禁兵無鬬志乃募役兵敢戰者夜伏隘道邀擊比明有獲首級獻者亢以錦袍賜之禁兵慚奮曰我顧不彼若乎復縱使飲博値方窘乏咸願一戰亢知可用引兵襲擊大破于栢子砦所將才三千人激怒之曰若等已陷死地前鬬則生不然盡死士皆感厲及戰于兎毛川時萬勝軍皆新募罷愞夏人易之目曰東軍而怯虎翼軍勇悍亢陰易其旗以誤敵敵果趨東軍而値虎翼軍博戰大潰奎子壽亦才智敏給英宗欲用爲觀察使守邊曰卿家世事也

錄曰西夏之破膽韓范亦書生也若琉璃堡兎毛川之捷非所謂好謀而成者乎雖難兄難弟一門並稱敏給而亢之出

奇制勝尤出人意表其可以白面而易之哉
按唐德宗時魏博田悅之亂詔朔方軍五千人救徐州軍裴未至旗服弊惡宣武人嗤之曰乞子能破賊乎大將唐朝臣以其言激衆怒且曰先破賊者營中物悉與之由是士卒爭奮斬首八千盡得其輜重旗服鮮華乃謂宣武兵曰乞子功孰與汝多此激之使奮也劉錡在順昌鑿舟沉水示無去意寘家寺中積薪於門戒守者曰脫不利卽焚吾家毋辱敵手此窘之使進也至於東軍之談尤足讋敵蓋以素所輕者尚能取勝其平昔所怯者不卽更何如矣此亢出奇之智更過於奎乎

种師道與弟師中三世名將有智畧金伐燕童貫謀以爲功師道諫曰今日之舉譬如盜入鄰家不能救又乘之射一時之利棄百年之好非計也王黼劾其助賊遂致仕金果趨兵南下師道聞召命即東過熙河姚平仲以步騎七千與之俱赴汴時金兵屯京城勢方鋭師道曰吾兵少若遲回不進形見情露祇取辱焉今鼓行而前彼安能測我虛實都人知吾來士氣當自倍乃揭榜沿道言种少保領西兵百萬來及抵城即西趨汴水南徑逼敵營金人懼徙砦稍北師道入見請伺彼怠歸振而殲諸河李邦彥不從及金兵引去師道請乘其半濟擊之帝不許時大臣立議矛盾樞府主破敵而三省令護出之及金圍太原詔

師中由井陘道出師與姚古犄角時金將避暑雲中留兵分就畜牧覘者謂將遁告於朝許翰信之遣使責以逗撓師中歎曰逗撓兵家大戮吾結髮從軍今老矣忍受此乎即日辦嚴爲金所襲古等期不至身被四鎗力鬬死

錄曰時中興未建張韓劉岳未起老成宿將無如師道兄弟使朝廷用其議帷幄任其謀或能易危爲安未可知也而甘心愚弄故違勝策李邦彥許翰之徒舉朝婦寺不明式遏寇虐之義樞府三省互相矛盾安於坐觀成敗之心積漸至於南渡勢所必至嗚呼責師中者逗撓也責岳飛者亦逗撓也朝論視爲故常邪臣以爲得計何怪乎諸軍之奪氣哉

按古云兵驕者敗好謀者成初金兵之趨汴也如入無人之境其志可謂驕矣及聞老种一至即爲引卻亦其宿將之先聲有以奪其氣也如果乘怠而殲半濟而擊決策制勝可貽數世之安乃由樞省互異坐失機宜庸夫謬算以國爲試其勢不至於主臣俘僇不已當時人物如師道兄弟絶少奈何童貫王黼邦彥許翰之儔援迹盈廷動而掣肘卒至賫志歿身雖天生庸材多於傑士亦由用之者多故祇見庸材之誤人國爾

吳玠吳璘兄弟守蜀餘二十年玠沉毅有志節尤善讀史凡往事可師者錄置左右積久牆牖皆格言用兵務遠畧不求近利

故能保必勝御下嚴而有恩士樂爲之死選用將佐視勞能爲殿最不以親故權貴撓之胡世將問所以制勝曰玠兄弟束髮從軍屢戰西夏不過一進卻之頃勝負輒分至金人則更進迭退令酷而下必死每戰非累日不决勝不遽追敗不至亂惟選據形便更出銳卒撓之使不得休暇以沮其堅耐之勢則我固有以制彼也璘威名亞於玠高宗嘗問勝敵之術璘曰弱者出戰强者繼之高宗曰此孫臏三駟之法一敗二勝也新立叠陣法每戰以長槍居前坐不得起次强弓次强弩跪膝以俟次神臂弓約賊相搏至百步內則神臂先發七十步强弓併發次陣如之凡陣以拒馬爲限鐵鈎相連俟有傷則更代之遇更代則

以鼓爲節騎兩翼以蔽於前陣成而騎退謂之叠陣諸將始猶竊議曰吾軍其殲於此乎璘曰此古束伍令也兵法有之諸君不識爾得車戰餘意無出於此戰士心定則能持滿敵雖鋭不能當也

錄曰璘之叠陣即玠之休番也玠之變化即璘之世守也玠政尚嚴卒伍有逃散者往往全隊誅之璘則厚撫之如家人以輔成其兄志故士卒不敢犯武安之法而且樂武順之恩卒以成功觀胡世將之所問與王剛中之所談可謂智勇兼濟者矣然玠嘗漁色成都而以美麗貽岳飛璘受詔班師甘心浩嘆未嘗一語違異故能免姦檜之禍遂致三世柄權釀

成逆曦之變卒以臧宗天道人事之不可意料如是

按玠務遠畧不求近利自是大將本領其原從犄廝恪言中融會而出豈曰書生不足與謀兵事哉至用我之長攻彼所短使彼之長無以施而我之短無所絀則妙用存乎一心譬之國棊對敵千百局無一雷同乃其精微則即此一局內變化而出之無窮爾夫尚學術則岳武穆通曉春秋張極侯詳注周易杜預亦號武庫文學既輕則宰相不識杕杜獬豸止以觸邪矣讀書師古有何定乎

趙汝談生而頴悟洈思高識與弟汝譺智畧並出人上天下稱爲二一趙常言宗子不忘君孝子不辱身臨難則功業當如朱虛

立身當如子政常上料敵備邊策曰豪雄擇形勢大盜窺貨寶
今邊州大抵無城鈌兵少糧鎧仗不足設使自辦何所取資丐
諸朝廷又安得立給若倣古藩封拔用英傑守郡併租稅市権
之利盡以與之免其共貢上不置監臨下悉聽選辟民得自賦
兵得自募凡百悉聽所爲有功亦不遽徙就秩增異如此則有
材者爭奮緩急得其死力時朝議出師汝談反覆言邊面無可
倚仗乞超越拘攣簡拔大帥如吳用周瑜魯肅晉任祖逖陶侃
故事使之各分方面連城數十推轂授權盡歸賜履一切便宜
行事庶幾伸縮由己機出於心朝廷不能用後沿邊諸郡權勢
大侗朝論始服其先見云

錄曰二趙當光寧危險之朝韓史用事之日更歷黨禍閉門著述自少至老未嘗去書嘗論韓非李斯皆有荀卿之才以其富貴利欲之心重故世得而賤之惟卿獨守其身不苟希合士可不自重哉又曰外之得以窒吾聽雜吾目擾吾天君者未得貞一而靜之理也苟得之導以聲色而不能入投以寶貨而不能中煽以功名而不能動凝然湛然孰得而干之哉由是以觀豈不爲一代明哲之士惜無及於用耳

按李牧當趙之末居代雁門便宜置吏市租輸軍故能臧襜襤破東單于汝談之言祖是較之當時情事正相符合范韓復生無以踰此乃豎若罔聞機失而悔嗟何及矣其

論韓非李斯富貴利欲之心重故世得而賤之吉哉斯言所以不失其智之本與蓋人皆爲博人尊我必須富貴以故皇然欲之而豈知即此欲之之心已啟人賤之之意使去一時之欲以全本體之眞虛則生明靜能觀理發爲言言無不中致諸用用罔不臧一時服之萬世仰之又烏得以賤加之邪且非與斯同事荀卿秦王覽非說難恨不獲見及韓王遣非至秦秦王與語大悅斯自知才不如非懼失寵乃譖之下獄并以藥酒遺之非欲自陳不得見而死及斯爲趙高所譖亦欲自陳不得見而死是二人之不智將爲荀卿之徒所不道世安得而不賤之哉

弘道錄卷之十九終

弘道錄卷之二十

明刑部員外郎仁和邵經邦弘齋學

皇清詹事府少詹事四世孫遠平補案

朋友之智

論語子謂子貢曰女與回也孰愈對曰賜也何敢望回回也聞一以知十賜也聞一以知二子曰弗如也吾與女弗如也

錄曰聖人之門大抵不憤不啟不悱不發蓋方人未足爲病而以不欲加人自任以博施濟衆爲仁與顏子相去不啻天淵觀其英鋭之氣未必眞以能近取譬非爾所及之言爲信故以與回孰愈啟之使賜而誠反躬自詰從事於仰鑽瞻忽

欲罷不能之間顏何人哉希之則是顧以其資禀所造就而言夫苟造就而已則孔門之回奚待智者而後知哉故夫子再言弗如若終於賜而已矣

按多學而識賜豈怠於遜志者然其禀資之明不下顏子乃不惟不能等於卓爾之見而且不逮參乎之唯則以億則屢中未免用志之分故夫子時時以回相形而提撕警覺之也迨後顏子蚤夭而子貢終不能及兩言弗如蓋夫子已蚤定其終不如矣

子曰回之爲人也擇乎中庸得一善則拳拳服膺而弗失之矣

錄曰此聞一知十之本也夫有所弗擇擇則無過不及矣有

所弗得得則服膺弗失矣積而至於無所于擇無乎弗得此聞一知十有不期然而然者故中庸言舜之大知而即以回繼之學者但能黽勉於擇善服膺之間則顔子地位漸可幾及慎無因心齋坐忘一語而不下切實工夫也

子曰回也其庶乎屢空賜不受命而貨殖焉億則屢中

錄曰孔子嘗以回賜並言蓋二子資相近也習相遠也回之近道在能擇而無所不說非但天資之明睿乃其學之至也賜不受命而億則屢中此特天資之高遠非其明之至也此命非貧富貴賤之命即天命謂性之命而貨殖亦非世俗孳孳謀利之行故程子言此是子貢少時事至聞性與天道則

不復爲此矣乃是確論

子曰賜也女以予爲多學而識之者與對曰然非與曰非也予一以貫之

錄曰此方信而忽疑非其積學功至乃擇焉不精之故也夫堯舜禹湯文武周公孔子顏回同道一以貫之也是故禮樂文物古今事變可以多學而識而惟精惟一允執厥中不可以多學而識也於此而擇之於初則無此疑矣夫子告子貢一貫與曾子同而先之以多學與曾子異蓋曾子務守約子貢務施博約故不言而解博故信而復疑也然夫子於曾子之外獨告子貢是豈躐等而施者史遷謂其利口巧辭孔子

常斥其辯則誣矣

子曰參乎吾道一以貫之曾子曰唯子出門人問曰何謂也曾子曰夫子之道忠恕而已矣

錄曰子貢之智不但何敢望回而又何敢望參乎夫顔惟一善服膺至於知十則裕如矣曾唯忠恕自勉至於一貫則洞然矣曾子非借學者以明道乃本諸心而無歉也體諸躬而有據也夫忠與恕無二道猶一與貫無二物而一之貫萬何從而致之亦何由而得之善學者必有肆力之地矣惟盡已可勉惟及人可能而一則不可勉貫則不可能矣及其至也人已混爲一途天人合爲一致不期於一而一者吾心也不

期於貫而貫者萬事也此不惟善學夫子且善教門人苟徒事高遠未知其方雖與之千言而不足豈一言而有餘哉

按孔子嘗言參也魯及至此一唯而知其徹上徹下如此世之逞聰明材辯而自謂得窺斯道之奥者皆害道之尤者也觀三省之與四勿一唯之與一嘆則顏曾亦何嘗有敏鈍之殊遲速之候邪自孔子歿三千之徒散處他國各傳其教於弟子若子夏之後有田子方子方之後有莊周以啟後世淸談之弊惟曾子之於子思子思之於孟子淵源相繼得聖門之眞傳者一人而已

左傳吳公子札聘于魯請觀周樂使工爲之歌周南召南曰美

哉始基之矣猶未也然勤而不怨矣爲之歌邶鄘衛曰美哉淵乎憂而不困者也吾聞衛康叔武公之德如是是其衛風乎爲之歌王曰美哉思而不懼其周之東乎爲之歌鄭曰美哉其細已甚民弗堪也是其先亡乎爲之歌齊曰美哉泱泱乎大風也哉表東海者其太公乎國未可量也爲之歌豳曰美哉蕩蕩乎樂而不淫其周公之東乎爲之歌秦曰此之謂夏聲夫能夏則大大之至也其周之舊乎爲之歌魏曰美哉渢渢乎大而婉險而易行以德輔此則明主也爲之歌唐曰思深哉其有陶唐氏之遺風乎不然何憂之遠也非令德之後其能若是爲之歌陳曰國無主其能久乎自鄶以下無譏焉爲之歌小雅曰美哉思

而不貳怨而不言其周德之衰乎猶有先王之遺民焉爲之歌大雅曰廣哉熙熙乎曲而有直體其文王之德乎爲之歌頌曰至矣哉直而不倨曲而不屈邇而不偪遠而不攜遷而不淫復而不厭哀而不愁樂而不荒周而不匱廣而不宣施而不費取而不貪處而不底行而不流五聲和八風平節有度守有序盛德之所同也見舞象箾南籥者曰美哉猶有憾見舞大武者曰美哉周之盛也其若此乎見舞韶濩者曰聖人之弘也而猶有慚德聖人之難也見舞大夏者曰美哉勤而不德非禹其誰能修之見舞韶箾者曰德至矣哉大矣如天之無不幬也如地之無不載也雖甚盛德其蔑以加矣觀止矣

錄曰洪範曰思曰睿周子曰無思本也思通用也不思則不能通微不睿則不能無不通季子棄室而耕所養素定而泰伯在天之靈陰有以通其微故未聞樂之先如嶰谷未收葭莩未動希聲既鮮知音實希及其聞樂之後如九河既通百川時至條理脈絡豁然貫通知其若興若亡若美若盛若勤若憂若大若細若深而廣若底而至以極於如天地之覆載而後已豈其句句而歌之字字而辨之乎蓋以無不通生於通微通微生於思夫子不云乎不圖爲樂之至於斯其平日誦說向往欣慕愛樂何等汲汲一旦聞之自有不覺其心融之妙而嘆息之深也嗚呼今之誦詩三百尚不若工歌一言

非以不思而不能通微之故哉然則雖觀亦奚以爲

按春秋書閽弒吳子餘祭與吳子使札來聘同在襄二十九年五月說者謂吳子使札在前而被弑在後夫札固奉使在前至是而使與赴同至魯必當以赴告札而札於致命後必將爲位袒括三踊以盡臣禮顧乃交遊贈答至徧觀周樂而不已此何以故邪孔氏諸儒謂通使之時魯與札俱不知及札去而赴始至故並書於策則札當聞赴急歸而執圭復命於殯矣且更歷齊晉鄭衛閒而從容道途掛劍徐墓以自附於古人之誼又何以故邪此書或係舊史錯簡或係先儒承誤當以不解解之爾

季札在魯見叔孫穆子謂曰子其不得死乎好善而不能擇人
吾聞君子務在擇人吾子爲魯宗卿而任其大政不慎舉何以
堪之遂聘于齊說晏平仲曰子速納邑與政無邑無政乃免於
難齊國之政將有所歸未獲所歸難未歇也晏子因陳桓子以
納政與邑是以免於欒高之難聘于鄭見子產如舊相識與之
縞帶子產獻紵衣焉謂曰鄭之執政侈難將至矣政必及子子
爲政愼之以禮不然鄭國將敗適衛說蘧瑗史狗史鰌公子荆
公叔發公子朝曰衞多君子未有患也自衞如晉將宿于戚聞
鍾聲曰異哉吾聞之也辯而不德必加於戮遂去之文子聞之
終身不聽琴瑟適晉說趙文子韓宣子魏獻子曰晉國其萃於

三族乎說叔向將行謂曰吾子勉之君侈而多良大夫皆富政將在家吾子好直必思自免於難

錄曰夫所謂博雅君子者非但能知已往之故也將來之兆亦莫不知以其靜虛則明明則通動直則公公則溥其要皆自無欲中來也自今觀之若齊晏嬰鄭子產衛伯玉晉叔向皆當代殊絕人物而豹也武與起與舒也鰌與荆與朝也又皆卿大夫之表表者吳雖遠於中國季實邇於仁賢所謂天下之善士斯友天下之善士茲非其人邪使札濫於一國之名寵淫於當時之富貴不得英賢而友之何以令名傳至今弗衰乎雖然尚有聖如夫子嘗聆謦咳而言游在魯曾無爲

札一介此所以卒於一國之士也
按季子生長東南學無師授徒以天質之厚地靈所鍾出類拔萃觀其歷評周樂樂以聆聲聲屬虛故得之想象舞以察容容近實故斷之不疑實有心解神會且當年車轍所過必知其人必聞其政審音於數千百年之前見事於數十百年之後其智洵非可學而及矣夫好善美德足以優於天下者一不擇人其害遂至不得其死良以所好者未必見德而所不好者適以業怨耳君子進德修業致福遠害全在擇人夫子教弟子親仁愛衆子張舉君子亦惟容衆尊賢然在己身或不修知或未致則非但不能辨别

善否即善者亦不肯與親而所與居者大抵皆比匪之類
卒之其何能淑哉故曰大智在急親賢也
通鑑田單將攻狄往見魯仲連連曰不能下也單曰臣以即墨餘卒破萬乘之燕復齊之墟今攻狄而不下何也弗謝而去遂攻之三月不克於是懼復見魯仲連曰先生謂單不能下請聞其說連曰將軍在即墨坐則織蕢立則仗鍤爲士卒倡曰無可往矣宗廟亡矣今日尚矣歸於何黨矣當此之時將軍有死之心士卒無生之氣聞君言莫不揮泣奮臂而欲戰所以破燕也今將軍東有夜邑之奉西有淄上之娛黃金橫帶而騁乎淄澠之間有生之樂無死之心所以不勝也單曰單之有心先生志

之矣明日厲氣循城立於矢石之所援枹鼓之乃下

錄曰獨哉魯仲連乎何其切中夫人之心也以樂毅之賢而怠於莒與即墨矧其他者乎古聖賢憂勤惕厲之意所以常存天之理而不敢死己之心亦惟恐堅敵之志而懈己之防也其是故與

按惰氣易乘師老則敝單之不爲敵擒尚襲七十二城之餘威藉先聲以慴之不敢輕出然亦危矣夫貴不與驕期而驕自至富不與奢期而奢自生奢則逸驕則怠聖如周公驕且不足觀功如郭子儀奢且以自汚矧下此者貧賤老弱人雖不一無人可施我驕勢位富厚地雖不同無時

可縱我奢左傳知三郤必亡晉史卜何曾無後皆由驕奢並無他故夫錡犨以奪田至以召楚無非族大怨多自取尸朝之禍若何夔不事丁儀可謂卓然能立而獨於節儉之世不啻豪侈乃其子日食萬錢以致謚云繆醜壽且覆宗貽謀之善作法於凉可不早爲之所邪單當躬不自克然聞言卽悟是以訖有成功蓋滿損謙益聖人著之於經實保身保家之大要也

田單克聊城歸言魯仲連於齊王齊王欲爵之連逃之海上曰吾與富貴而詘於人寧貧賤而輕世肆志

錄曰魯連之肆志不已泰乎肆非賢者所願也彼君君臣臣

父父子子以至夫婦長幼朋友無不得焉則世烏可輕志烏可肆哉奈之何當連之世以諸侯帝秦忘君臣之義以燕噲讓國背父子之仁以君王后自嫁汙夫婦之禮以惠文立少子亂長幼之序以孫龐蘇張之徒紛紜反覆失朋友之信連之欲蹈東海凡以此耳盖不待天下士而中人之資巳知其不可爲矣

按戰國說士並以詭辭惑亂人主不過爲一身富貴計於斯而乃有敝屣爵賞寧甘高蹈者烏得不推爲一時傑出哉李斯辭荀卿書曰詬莫大於貧賤悲莫甚於困窮當是時高者如魯連下者如虞卿陳軫蔡澤輩皆有睥睨侯王

之心而斯之智出此故一旦得志慮誹議以燔詩書恐失相而立胡亥專意阿狥冀保長享究之出上蔡逐狡兎不可復得是不如貧賤困窮之反得以輕世肆志也明知物極必衰而終不能自尅艮由富貴念重不遑爲身謀爾使其智有如魯連之萬一何至重罹憯酷邪

子順者孔子六世孫也魏王聞其賢遣使奉黃金束帛聘之子順曰若王能信用吾道吾道固爲治世也雖蔬食飲水吾猶爲之若徒欲制服吾身委以重祿吾猶一夫耳魏王奚少於一夫使者固請子順乃之魏凡九月陳大計輒不用乃以病退其友謂之曰子其行乎答曰行將何之當今山東之國敝而不振三

晉割地以求安二周折而入秦燕齊楚已屈服以此觀之不出二十年天下其盡爲秦乎

錄曰愚觀子順之猷爲智識其諸異乎人者與夫邦有道則仕邦無道卷而懷之此孔氏家法也嬴秦之暴不啻爇火而燎之原也不可撲遏矧可逝濯乎六國之君不啻燕雀而處之堂也不可瞬息矧可久安乎其料天下不出二十年者非數也理也非子順則不可與言也

按春秋之時其地當秦之咽喉而足以抗秦者莫如晉表裏山河賦車數千乘實爲守內强國文公創霸雖藉秦力以後主盟中夏獨歷七世即穆公發憤修政不能少有所

加惴惴焉執櫜鞬惟謹靈襄之世無歲不戰而晉之敗秦什常八九倘使晉地不分僅得中主悉力西向秦豈能出函關以窺伺山東諸國哉自平王賜岐西之地而秦以霸逮威烈錫三晉之命而秦以王周之亡實自亡之也不亡於赧而亡於威烈故夫子修春秋託始於隱公而紫陽作綱目肇端於分晉二者天下之大關也

齊封田嬰于薛號曰靖郭君嬰欲城薛客曰君不聞東海大魚乎網不能上鈎不能牽蕩而失水則螻蟻制焉今夫齊乃君之水也使長有齊奚以薛爲苟失齊雖隆薛之城至齊於天庸足恃乎乃不果城

錄曰客之諫嬰賢於戍之諫文遠矣彼鷄鳴狗盜之雄何足齒錄孰意有如客者史亦竟失其名哉後世若郿塢金埒之營非惟君子所耻客苟有知寧不揶揄於地下邪

按薛近齊地故孟子時齊人將築薛盖齊滅薛而以其地封靖郭君此之欲城豈卽滕文所恐之時邪考薛祖奚仲爲夏禹掌車服大夫自玆受封歷商至周千九百年傳世六十四葉三代諸侯莫之與比當時豈得無城且當强鄰窺伺之際何不繕城自保逮齊取爲已地爲屬邑而反欲城之何也朱註言宋王偃嘗滅滕伐薛則滕亡似在築薛之前又與滕文之言剌謬矣且滕之亡也漢地理志云爲

齊所滅水經注並同而竹書紀年謂於越滅滕惟戰國策通鑑作宋滅滕與朱註合蓋此時薛滅已久非至是齊始取其地而城之也孟獻城虎牢而鄭人懼晏弱城東陽而萊子服文公安得而不恐哉

漢書曹參微時與蕭何友善後爲將相微有隙及聞何薨參告舍人趣治行吾將入相居無何使者果至何且死所推賢唯參參代爲相舉事一遵何約束擇郡國史訥於文辭重厚長者即召除爲丞相史吏之言文刻深欲務聲名者輒斥去見人有細過專掩匿覆蓋之府中無事帝怪相國不治事參曰陛下自察聖武孰與高帝上曰朕安敢望先帝又曰觀臣孰與蕭何賢上

曰君似不及參曰是也高帝與何定天下法令旣明陛下垂拱臣等守職遵而勿失不亦可乎爲相三年百姓歌之曰蕭何爲法較若畫一曹參代之守而勿失載其清淨民以寧一

錄曰愚觀漢功臣之際其智與否乃吉凶所由殊也夫以蕭曹而視韓彭猶韓彭而視絳灌也史稱曹相國攻城野戰之功所以能多以與淮陰侯俱又曰韓信已破趙爲相國參以右丞相屬韓信攻破齊歷下軍已而從韓信擊龍且軍于高密夫參與帝同起豐沛若此其故也又與信俱爲相國若彼其尊也而曰屬則屬曰從則從曾無芥蔕信一旦失王顧鬱鬱不得志至羞與絳灌等列然則參之心不但天下已平始

務寧靜畫一雖干戈倥偬亦能不忮不求是以何用而不臧也或曰使參而在呂氏可以無王劉氏得以不危乎曰黃石之說曰陰計外泄者敗是時惠帝懦弱而呂氏方健陰盛陽微大易所謂澤滅木者也使參不戒棟撓之凶而蹈過涉之咎其能有濟乎然則非不知醇酒之廢事天下之有憂也與其泄而敗孰若遯而吉乎厥後留因賈壽之語遂成滅呂之功參咎之之力也史更班馬錄參而舍留豈非缺乎

按懿侯生平深得老氏之學故其相業一主淸淨夫以親故等盧綰戰功並彭越而卒免於猜疑之主忌悍之后保身全名方之蕭張猶爲過之此豈淺見寡識無所本而能

然哉儒者言老氏必辟而闢之而人生而靜天之性也感物而動性之欲也數語漢儒采入禮記本與聖賢之旨有合也齊武平五年彭城人開一古冢得道德經全編覩其壙志乃項羽侍妾之幽宮故唐傅奕考按諸家同異有項羽妾本世徒知虞姬之節而不知尚有一好文者惜軼其姓名夫至婢妾皆好則當時誦習必多苟漢之功臣皆讀此何至葅醢桎梏之紛紛哉且使羽而能如妾之好則亦不爲季禽矣若季之勝羽一意能忍此正精乎老氏之學者何待文帝始好之邪

時諸呂擅權欲刼少主危劉氏丞相陳平患之力不能爭常燕

居深念陸賈造之不請直入曰何念之深也平曰生揣我何念賈曰足下位上相食萬戶可謂極富貴無欲矣然有憂念不過患諸呂少主耳曰然爲之柰何賈曰天下安注意相天下危注意將將相和則士豫附天下雖有變權不分爲社稷計在兩君掌握耳君何不交驩太尉平用其計以五百金爲絳侯壽厚具樂飲太尉太尉報如之兩人深相結呂氏謀益壞

錄曰曲逆六出奇計自負已智而猶出陸賈之下何也是時處禍及已當局而迷故不若旁觀者之親切也雖然此說自生發之而南宋之書生一反之曰自古未有權臣在內而大將能立功於外者其智識正相似孰意二生先後一律邪蓋

其意則如陰陽晝夜薰蕕氷炭之不相及故其效亦有安危利鈍吉凶存亾之所由分爲天下者可不念諸

按以人事君固屬大臣之事觀虞廷交讓師師相引至今欽想其風後世避跡遠嫌同升諸公之美邈焉成軼事矣非惟下無其人即或有之在上者目中久不見此盛舉必且駭以爲樹黨疑之爲懷私何能取信哉夫同列忿爭謂失朝廷大體是將相貴乎和衷夫人知之夫將相貴和豈將相而外不必和而疑交驩深結爲黨邪結黨蒙蔽自是小人之尤小人無黨王安石之於呂惠卿可見未有不爲正人窺破者也

朱邑以治行第一入爲大司農爲人惇厚篤於故舊然性公正不可交以私時張敞爲膠東相與邑書曰明主游心太古廣延茂士此誠忠臣竭思時也直敞遠守劇郡馭於繩墨胸臆約結故無奇也雖有亦安所施足下以清明之德掌周稷之業昔陳平雖賢須魏倩而後進韓信雖奇賴蕭公而後顯故事各達其時之英俊若必伊尹呂望而後薦之則此人不因足下而進矣邑感敞言貢薦賢士大夫多得其助者

錄曰周禮大司徒以鄉三物教萬民而賓興之卽大農之職也敞之上書能知當務之爲急而且不失人亦不失言可謂能責善者矣

孫寶以明經爲郡吏御史大夫張忠辟爲屬欲令授子經更爲除舍設儲須寶自劾去忠固還之心内不平後署主簿寶徙入舍祭竈請比鄰忠陰察怪之使所親問前大夫爲君除大舍子自劾去者欲爲高節也今兩府高士俗不爲主簿子旣爲之徙舍甚說何前後不相副也寶曰高士不爲主簿而大夫君以寶爲可一府莫言非士安得獨自高前日君男欲學文而移寶自近禮有來學義無往教道不可詘身詘何傷且不遭者可無不爲況主簿乎忠聞之甚慚上書薦寶經明質直宜備近臣遂爲議郎遷諫大夫

錄曰時寶尚爲吏而終身之智端肇乎此矣何也夫豺狼尚

矣而城狐之戒不可忽也謂不競杜穉季事藜藿採矣而猛獸之竟不可沒也謂上書救鄭崇下獄事卒能自保其身且及其孫豈非明智之士乎

按不遭者可無不爲不但乘田委吏不必擇即狗監馬廄聽人付予何心換官若爲人師則宜以道自重不當曲意屈躬於此而狗俗焉豈委吏可畧算繙而乘田聽牧畜之肥瘠而已乎然主簿之署忠蚕巳心疑之而欲借此以得其情是以始而陰伺繼而遣問忠固留意人材者也迨聞寶言而心慚薦用之恐後亦當於古人中求之其與護前飾非之流明暗相去奚啻天淵哉

鍾皓以篤行稱與荀淑並爲士大夫所歸慕李膺常嘆曰荀君清識難尚鍾君至德可師同郡陳寔年不及皓引與爲友皓爲郡功曹會辟司徒府臨辭太守問誰可代者對曰明府必欲得人西門亭長陳寔可寔聞之曰鍾君似不察人不知何獨識我兄子瑾亦好學慕古有退讓風與膺同年俱有聲名膺祖太尉脩言瑾似我家性邦有道不廢邦無道免於刑戮遂以膺妹妻之皓常誡瑾以昔國武子好昭人過以致怨本卒保身全家諸儒爲之頌曰林慮懿德非禮不處悅此詩書弦琴樂古五就州招九膺台輔逡巡王命卒歲容與

錄曰愚觀膺祖之言似與膺大不相若何也漢自中葉而下

閹宦縱橫故世以危身矯俗放言爲高士苟不然者則芸夫牧豎已叫呼之矣是以聖人導民理性裁抑宕佚愼其所與節其所偏若林慮者智能自全道無絶物凶邪不能以權奪王公不能以貴驕豈非自拔流俗者哉

徐稺家貧躬耕非其力不食然爲人恭儉義讓所居服其德太守陳蕃在郡不接賓客唯稺來特設一榻去則懸之延熹二年上書薦稺桓帝以安車徵之不至又爲太尉黄瓊所辟不就及瓊卒徒步到江夏設雞酒薄祭哭畢而去不告姓名時會者皆四方名士郭林宗等聞之疑其稺也使茅容輕騎追之及於塗爲設飯共言稼穡之事臨去謂容曰爲我謝郭林宗大樹將顚

非一繩所維何爲栖栖不遑寧處

錄曰遯之上九曰肥遯無不利釋之者云肥者寬裕自得之意遯者唯飄然遠逝無所繫滯乃爲善也上九以剛陽居卦外下無繫應遯之遠而處之裕者也何往而不利哉斯言爲穪設也彼諸名士者既知玩世簡傲不就徵辟乃不能飄然遠引入山之深入林之密自取黨禍甘心戮辱則所謂繫遯有疾厲者也曾是而得爲智乎

郭泰博通墳籍善談論美音制始見河南尹李膺大奇之與相友善於是名震京師後歸鄉里諸儒送至河上車數千兩泰唯與膺同舟而濟衆賓望之以爲神仙焉或勸之仕對曰吾夜觀

乾象晝察人事天之所廢不可支也性明知人好獎訓士類容
親魁偉褒衣博帶周遊郡國間行遇雨巾一角墊時人故折巾
一角以爲林宗巾其見慕如此或問汝南范滂曰郭林宗何如
人滂曰隱不違親貞不絶俗天子不得臣諸侯不得友吾不知
其他爲人雖善人倫而不爲危言覈論及黨事起知名之士多
被害唯泰及汝南袁閎得免

錄曰范曄論曰莊周有言人情險於山川以其動靜可識而
沈阻難徵故親厚之性詭於情親則哲之鑒惟帝所難而林
宗雅俗無所失將其明性特有主乎然而遜言危行終亨時
晦恂恂善導使士慕成名雖墨孟之徒不能絶也

按君子成人之美而自負名士者則惡人有才慮其或出己上而掩己之名以至相軋故拙己則引之十己則毀之百己則誰何而不信數語曲盡人世情狀道衡以空梁燕泥殞身王胄以庭草無人致禍甚可畏也林宗大雅不羣好崇奬士類見人有善惟恐其不充擴惟患其不成就此實不殊民胞物與之心與褊忌者大相懸絕所以能超然黨禍身名俱泰也恥獨爲君子者可不自警省乎

孟敏客居太原荷甑墮地不顧而去林宗見而問其意對曰甑已破矣視之何益林宗異之勸令遊學十年知名

錄曰愚觀孟敏蓋質美未學者也由質美故無牽滯之悔而

遇事能決由未學故有不虞之失而意見殊分一旦就學則彬彬矣此君子誘掖獎勸之不可少也

申屠蟠稟性通敏安貧樂潛不爲燥濕輕重不爲窮達易節蔡邕自擬以齒則長以德則賢後郡召爲主簿不行隱居精學兼明圖緯郭林宗見而奇之先是范滂等非訐朝政公卿皆折節下之太學生爭慕其風以爲文學將興處士復用蟠獨嘆曰昔戰國之世處士橫議列國之王至爲擁篲先驅卒有坑儒燒書之禍今之謂矣乃絕迹梁碭間因樹爲屋自同庸人家貧傭爲漆工居二年黨禍起罹者數百人蟠確然免於疑論中平五年與荀爽橋玄韓融陳紀等十四人共公車徵蟠獨不赴人勸之

笑而不應居無幾爽等爲卓所脅及大駕西遷京師擾亂公卿
多遇兵饑室家流散唯蟠終全高志年七十四終于家
錄曰史稱申屠蟠見幾明決豈惟幾哉其見道也審矣夫以
非許朝政而致公卿之折節以指斥乘輿而成一巳之高尚
此何等事哉正中庸所謂納諸罟擭陷穽之中而莫知避者
也以蟠之通敏故能始則確然免於疑論繼則悠然成其遠
圖乃易所謂嘉遯貞吉者也終全高志不亦宜乎
按始皇在位之三十四年焚書三十五年坑諸生其曰非
秦紀者皆燒之則是燒者列國之史非歷代詩書典籍也
曰非博士官所職敢有藏經書百家語者悉詣守尉雜燒

之則經書百家語特非博士不得藏爾故東萊呂氏曰所焚者天下書也博士所職自若也蕭何收圖籍而遺此惜哉計戊子歲焚書至甲午入關纔七年詩書尚未湮没而老成猶有可徵也無奈沛公不好儒術不及收博士之藏且不急弛挾書之律致羽入咸陽而博士所收盡付一炬然則燔書之舉固嬴秦爲首禍而實項氏縱火三月所以竟成灰燼何可獨咎祖龍哉

許劭少峻名節好人倫多所賞識若樊子昭和陽士並顯名於世故天下言拔士者咸稱之常到潁川多長者之遊唯不候陳寔又陳蕃喪妻還葬鄉人畢至劭獨不往或問其故曰太丘道

廣廣則難周仲舉性峻峻則少通故不造也曹操微時嘗厚禮
求爲己目劭鄙其人不對操乃伺隙脅劭劭不得已曰君清平
之姦賊亂世之英雄操大悅而去與從兄靖俱有高名共覈論
鄉黨人物每月輒更其品題故汝南俗有月旦評
錄曰許劭月旦之評與季野春秋之鑒何其不相及哉子曰
賜也賢乎哉夫我則不暇聖人之酬世御物蓋如此劭既以
太丘爲難周仲舉爲少通裁量審矣而何己之不暇顧也以
操之足智多謀尚未逢時及其末也一崔琰楊修不能容其
能免禍幸矣豈明哲保身之道哉
晉書皇甫謐沈靜寡欲以著述爲務自號玄晏先生著禮樂聖

眞論或勸以修名廣交謐謂人非聖人孰能無存出處居田里中安貧躬稼亦可以樂堯舜之道何必崇接世利事官鞅掌然後爲名乎作玄守論曰人之所至惜者命也道之所必全者形也性形所不可犯疾病也若擾全道以損性命安得去貧賤存所欲哉夫一人死而號者以爲損也一人生而笑者以爲益也然則號笑非益死損生也是以至道不損至德不益何哉體足也如廻天下之念以追損生之禍運四海之心以廣非益之病豈道德之至乎夫惟無損則至堅夫惟無益則至厚堅故終不損厚故終不薄苟能體堅厚之實居不薄之眞立乎損益之外游乎形骸之表則我道全矣遂不仕武帝下詔敦逼謐上疏自

稱草莽臣就帝借書帝送一車書與之

錄曰哲哉玄晏子不唯得以行乎貧賤且能周乎疢疾免乎亂世其學超於清虛志存於禮法既非流俗可方而視富貴如浮雲亦非若人可比三復斯論達於死生有足觀者

按修名廣交最爲學者通病蓋身不可不修而但曰修名則實之不務徒事外求凡可致名之事莫不色取僞爲竭力致飾天眞日漓矣人不可無友而立意廣交則不及裁擇無間親疎凡在聲氣之末無不奔走結納羣相標榜全無資益矣二者事更相因修名則此爲號召彼自倚依尋聲逐影趨之如騖神交千里之外由闇名而相思也廣交

則邦家必聞更相延譽飲名之輩固多坦懷信物之君子
亦往往而有此萊公之薦丁謂以爲不居人下温公之疑
新參亦相慶爲得人也雖然爲士者孜孜夙夜切磋輔仁
亦惟實之務而已迨實至名歸自爲人望所屬又何必沽
沽邀名泛泛務廣哉玄晏默守流芳至今令人向慕當時
修名廣交者不少何竟湮没而無傳邪

韋忠慷慨好學不交當世裴頠數言之於張華華辟之辭疾不
起人問其故忠曰吾茨簷賤士本無宦情且茂先華而不實逸
民欲而無厭棄典禮而附賊后豈大丈夫所宜行邪裴常有心
託我竊恐洪濤蕩嶽餘波見漂況可臨尾閭而闚沃焦哉

張翰有清才會稽賀循赴命入洛經吳閶於船中彈琴翰就循言譚大相得且問知其入洛便同載去不告家人齊王冏辟爲東曹掾冏時執權翰謂同郡顧榮曰夫有四海之名者求退良難吾本山林間人無望於時子善以明防前以智慮後榮執其手愴然曰吾亦與子採南山蕨飲三江水耳翰因秋風起乃思吳中菰菜蓴羹鱸魚膾曰人生貴適志何能羈宦數千里以要名爵乎遂命駕歸

錄曰韋子節之辭張茂先也見幾於未動之先所謂果行育德者也是故山下之泉出而遇險未有所之若山之未雲水之未波不可及也張季鷹之辭顧彥先也懼禍於既見之後

所謂險德避難者也是故天地不交小人道長君子道消若水之沉溺火之焚灼不可緩也孟子不云或遠或近或去或不去歸潔其身而已矣豈非明智之士與

按有四海之名則四海之內皆望之故司馬君實咸願無歸洛而留相天子文彥博富弼拜執政中外皆抃手稱慶盖屬望如此其殷也然當治平之代固欣吾道之行或世厄陽九事當盤錯亟思求退而勢處不能則亦名爲之累耳漢武責石慶曰君安歸難若此又豈得自便故李泌對肅宗曰臣有五不可留願及今聽臣言時請去亦正此意不然難於求退必如鄭侯多買田宅汾陽極欲窮奢自汚

而可心艮苦矣昔人謂諸葛武侯才過淮陰而訖無成功
者淮陰平日無名而武侯名太重也名微則人易之而不
爲備以恒情待之矣名重則人屬耳目必極選以與爭衡
此事之所以難也故名高者雖在山林畎畝人猶屈指計
之肯當權而聽其求安乎
顔含裁智爲衆所推與鄧攸深交嘗曰周伯仁之正鄧伯道之
淸卞望之之節餘則吾不知太常馮懷以王導時爲帝師名位
隆重百僚宜降禮問於含含曰王公雖重理無偏敬降禮之言
或是諸君事宜鄙人老矣不識時務旣而告人曰吾聞伐國不
問仁人向馮祖思問佞於我豈我有邪德乎嘗論少正卯盜跖

其惡孰甚或曰正邪雖姦不至剖人克膳盜跖爲甚舍曰爲惡彰露人思加戮隱伏之姦非聖不誅由此言之少正爲甚郭璞遇舍欲爲之筮辭曰年在天位在人修巳而天不與者命也守道而人不知者性也自有性命無勞蓍龜桓温常求昏以其盛滿不許後請老帝美其素行就加右光祿大夫賜牀帳被褥大官致膳悉固辭一無所受

錄曰愚觀世之虛望崇而實德病諂諛集而隆禮尊者豈獨一馮祖思哉有如舍者勤見於既没之餘未足爲的而議導於方柄之日確然可準舍乎吾知免矣非所稱豪傑乎哉

按卜筮聖王所設自古不廢究之人爲最靈本知趨避若

專心致志於卜難免何如其智之譏矣漢河南吳雄葬母不擇地不卜日時識者皆言法當族滅而雄致位司徒子訢孫恭三世廷尉汝陽陳伯敬酷信卜筮家言動輒占問行路聞凶便解駕留止還觸歸忌則寄宿鄉亭年老僅舉孝廉爲太守邵夔所害其驗可見袁安葬父道逢三書生得三公地而董卓之亂以恨紹術族殺袁氏尺口以上五十人太傅隗太僕基並被其害若使此地果應族法當時何羨三公使此地未見族法則三公亦是偶中將何解邪夫子曰五十而知天命又曰不知命無以爲君子此凡事自有一定無勞蓍龜之說也

唐書婁師德嘗薦狄仁傑仁傑不知意頗輕師德數擠之於外天后覺之因問仁傑曰師德知人乎對曰臣嘗同僚未聞其知人也后曰朕之知卿乃師德所薦亦可謂知人矣仁傑旣出嘆曰婁公盛德我爲其所包容久矣吾不得窺其際也是時羅織紛紜師德久爲將相獨能以功名終人以是智之

錄曰仁傑能知五王而不能知一師德何也易稱或默或語又曰二人同心夫婁狄乃心王室本無異也然一則好面折廷爭知無不言一則以唾面不拭始終自負其語默各有異矣以外之不同若相矛盾而中之所同實比金石此仁傑之於師德始雖汎而終乃服亦何害其爲同哉

裴行儉有知人之鑒前進士王勮咸陽尉蘇味道皆未知名一見謂之曰二君後當相次掌銓衡僕有弱息願以爲托是時勮弟勃與華陰楊炯范陽盧照鄰義烏駱賓王皆有盛名李敬玄尤重之以爲必顯達行儉曰士之致遠當先器識而後文藝勃等浮躁淺露豈享爵祿之器楊子稍沉靜應至令長餘得令終幸矣既而勃溺南海照鄰赴潁水賓王反誅炯終盈川令勮味道皆典選悉如行儉言

錄曰孔子以瑚璉許子貢若所謂器識是已文王以棫樸譽髦士若所謂才藝是已然必金玉其相而後追琢其章若彼瓦缶雖有絢然之飾豈廟堂器哉以賈誼之雋邁君子猶病

其志大量小才有餘而識不足况初唐四傑乎故君子益自貴重無徒斐然成章而已也

按行儉之論器識僅以爵祿當之豈紆青拖紫者果皆深沈渾厚之士乎王勮鉤黨取族味道模棱遠竄知人之鑒安在哉且四子中如賓王討武一檄聲雷霆於聾瞽之餘振綱常於喑啞之際廷臣之多四海之大從無一人明斥曌罪而賓王獨能倡明馳布至今讀之猶快人意是可僅以文藝目之邪蓋文章與性道原非殊途器識與文藝亦豈二本若以爵祿壽夭定人之高下亦見其識量之卑陋已至曌既讀檄不惟不怒而且歸咎宰相其顛倒英雄之

智亦非常情可及者也

宋史張詠與青州傅霖少同學詠既顯求霖三十年不得一旦來謁閽吏白傅霖請見詠責之曰傅先生天下士吾尚不得爲友汝何人敢名之乎霖笑曰別子一世尚爾邪是豈知世間有傅霖者乎詠問昔何隱今何出曰子將去矣來報子爾詠曰亦自知之霖曰知復何言翌日別去後一月而詠卒

錄曰此與元伯巨卿相似乃誠之相感無乎不至故心之相照無乎或違也雖然蜀山人不起念十年便能前知矧如霖之靜處三十年乎其不爲物誘而能脫屣富貴又可見矣

畢仲游受知於二蘇最深時蘇軾在館閣頗以言語文章規切

時政仲游貽書戒之曰孟軻不得已而後辯孔子欲無言古人所以精謀極慮固功業而養壽命者未嘗不出乎此君自立朝以來禍福利害繫身者未嘗顧惜夫言語之累不特出口者爲言其形之詩歌贊於賦頌託諸碑銘序記者皆是也今知畏於口而未畏於文是其所是則見是者喜非其所非則蒙非者怨喜者未能濟君之謀而怨者或已敗君之事天下論君之文固所指名者矣雖無是非之言猶有是非之疑又況其有邪官非諫官職非御史危身觸忌以游其間殆猶轉石而救溺也

錄曰史傳巢谷與二蘇同鄉素與之遊甫昆弟同朝顯貴未嘗一來會及相繼謫嶺海平生親舊無相問者谷自眉山獨

步訪兩蘇於是相驚喜曰此非今之人古之人也夫古之人所以異於今者責善爲重而責善之道明哲爲先苟使二公早因仲游之言資其直諒之益未必天之涯海之角而巢谷之名僅耳之跡不見於史冊矣不思忠告之可嘉輒誇卓行之尤異此錄舍元修而叙公叔亦保身慎言之意也

按君子懷忠抱信旣不得位難以敷陳往往抑鬱無聊托諸言詞慷慨如正則之離騷更生之洪範五行發抒萬一期以自見固可推原其意見諒於時者也乃有心者或反摭爲諷謗兔爰雉罹詩人明告我矣文忠寧不審之於素然其忠愛之忱明知不可而不能遏設考亭决筮不遇遯

之同人烏知不朝上策而夕貶死哉夫不能昌言朝堂而徒以文字賈禍明哲固所不爲然或吹毛索瘢而指言語以爲罪則聖仁之代大度之君亦所不樂聞也

邵伯溫雍之子也雍與司馬光二程友善伯溫入聞父教出事諸公熟當世之務哲宗立蔡確旣罷相邢恕自襄州移知河陽間道謁確于鄧謀造定策事時光已卒子康當詣闕恕約康會河陽伯溫謂公休除喪未見君不宜枉道先見朋友且恕傾巧或以事要從之必爲異日悔康竟往恕果勸康作書稱確有定策功旣而粱燾以諫議召恕亦要至河陽連日夜論確功且以康書爲證燾不悅會吳處厚奏確詩謗朝政燾與劉安世共請

誅確且論恕罪朝廷命康分析康始悔不用伯温言康卒子植幼宣仁后憫之呂大防曰康素謂伯温可托請爲西京教授以教植伯温既至誨曰温公之孫大諫之子賢愚在天下可畏也植力學不懈卒有立章惇嘗師事雍及爲相欲引用伯温不往會法當赴吏部銓程頤謂曰吾危子之行也伯温曰豈不欲見先公於地下邪至則先就部擬官而後見宰相惇猶薦之朝而伯温願補外惇不悅遂得監永興軍鑄錢監適元祐諸賢方南謫士鮮訪之者伯温見范祖禹于咸平見范純仁于潁昌或爲之恐不顧也趙鼎少從伯温遊嘗表其墓曰以學行起元祐以名節居紹聖以言廢於崇寧世以此三語盡伯温出處云

錄曰愚觀子文公不但無忝於其父實欲兼善於其友自今觀之元祐重臣駢首就戮全身者何人也二程高弟闔門遇害保家者何人也動而有悔而名亦隳出而殉人而已先喪陷仇怨則人情可惜甘澳泯則物理全乖曷若奮身於治朝免禍於亂世邪進之聖門可謂先覺是賢智者不惑豈苐以盡忠告數古道目之也哉

按徽宗即位以日食求言子文公上書欲復祖宗制度辨宣仁誣謗解元祐黨錮戒勞民用兵累數千言惜宋史不載後以元符上書人分邪正等公在邪等中以此書也嘗論士大夫當知國體蔡確姦邪投之死地何足惜然旣爲

宰相當以宰相待之范忠宣欲薄其罪深得大體梁燾劉安世疾惡太嚴致貽後日搢紳之禍至今以爲名言先避章惇後拒童貫見幾明決皭然不淄其象賢無忝過小司馬遠矣

近思錄張横渠問程明道曰定性未能不動猶累於外物何如明道曰所謂定者動亦定靜亦定無將迎無内外苟以外物爲外牽己而從之是以己性爲有内外也且以性爲隨物於外則當其在外時何者爲在内是有意於絶外誘而不知性之無内外也既以内外爲二本則又烏可遽語定哉夫天地之常以其心普萬物而無心聖人之常以其情順萬事而無情故君子之

學莫若廓然而大公物來而順應易曰貞吉悔亡憧憧往來朋從爾思苟規規於外誘之除將見滅於東而生於西非惟日之不足顧其端無窮不可得而除也人之情各有所蔽故不能適道大率患在於自私而用智自私則不能以有爲爲應迹用智則不能以明覺爲自然今以惡外物之心而求照無物之地是反鑑而索照也易曰艮其背不獲其身行其庭不見其人與其非外而是內不若內外之兩忘也兩忘則澄然無事矣無事則定定則明明則尚何應物之爲累哉聖人之喜以物之當喜聖人之怒以物之當怒是聖人之喜怒不繫於心而繫於物也是則聖人豈不應於物哉烏得以從外者爲非而更求在內者爲

是也今以自私用智之喜怒而視聖人喜怒之正爲何如哉夫人之情易發而難制者惟怒爲甚苐能於怒時遽忘其怒而觀理之是非亦可見外誘之不足惡而於道思過半矣

錄曰定性一書乃先生深造獨得而非諸儒所能及也夫以人之累於外物乃不能收其放心至於定性則無將迎無內外合動靜而如一矣其所至妙莫測者莫如廓然而大公物來而順應反覆辨証不越乎此然可指而易見者莫如其情故又以喜怒言之乃直指其所由進之路則自忘怒觀理始也篇中大要在明覺自然大戒在自私用智與顏子之明睿所照曾子之定靜安慮子思之誠明謂性孟子之以利爲本

周子之明通公溥無乎不盡此其所以超出千古又何待於著述而後爲成書也哉

按橫渠自見二程後卽撤虎皮罷講坐從此精思力學渙然有得每教人以知禮成性使學者有所持守變化氣質使學者有所消融故龜山楊氏謂西銘推理以存義與孟子性善養氣之論同功程子讀西銘亦稱其能養浩然之氣蓋孟子以浩然名氣張子以太和名易浩然者卽太和之洋溢乎四體太和者本浩然之充塞乎天地惟其太和是以浩然凡人七情之中惟怒爲甚其故起於見理不明則血氣爲之輕動苟其涵泳至而識量高譬如以寸莛而

扣千石之鐘固不能使之鳴也人能於未怒之前鏡空衡平旣怒之後雪消氷釋自非智勇兼備者曷克臻此

陸九淵生三四歲問其父曰天地何所窮際父笑而不答遂深思至忘寢食及總角擧止異凡兒謂人曰聞人誦伊川語奚爲與孔孟之言不類初讀論語卽疑有子之言他日讀書至宇宙二字解者曰四方上下爲宇往古來今爲宙忽大省曰宇宙內事乃己分內事己分內事乃宇宙內事又嘗曰千百世之上有聖人出焉此心同也此理同也至於千百世之下有聖人出此心此理亦無不同也後登進士至行在士爭從之游言論感發聞而興起者衆教人不用學規有小過言中其情或至流汗有

懐於中而不能自曉者爲之條析其故悉如其心亦有相去千里聞其大槩而得其爲人嘗曰念慮之不正者頃刻而知之卽可以正念慮之正者頃刻而失之卽爲不正謂學者曰汝耳自聰目自明事父自能孝事兄自能弟本無欠闕不必他求又曰此道與溺於利欲之人言猶易與溺於意見之人言却難或勸其著書曰六經註我我註六經學苟知道六經皆我註脚與朱熹會于鵞湖論辯所學多不合及熹守南康九淵訪之熹與至白鹿洞九淵爲講君子喻於義小人喻於利一章熹以爲切中學者隱微深痼之病至聽之有泣下者

錄曰愚觀朱陸之學所以異者良由資禀之不同也九淵自

三四歲時已窮究天地之所際則其長也安得不主於性朱子則銖銖而累之寸寸而積之及其至也安得不主於學然則二子之所長各有所究譬之聖門曾子之才魯子貢之質敏然同歸於一貫者有夫子爲之點化也時聖人不作諸子各立門墻而無統會依歸之所是以紛紜異同剏及門者又從而咻之不知尊德性道問學聖賢未嘗偏廢初不可岐而二也曷若大道爲公智慮其不切於已也不必異已學慮其無裨於人也不必爲人使當時莫得而議後世無得而非玆非所謂大同者哉不則恐後世之說者愈繁而愈遠矣

按宋世號稱儒者若呂東萊陳同甫陳君舉葉正則輩率

皆人自爲師家執一説朱子未嘗深闢之獨至子靜排詆甚力竊意人之入道原各隨其材質所近高明之與沈潛不同則致知之與力行自異究之生安困勉其至一也夫吾儒之與二氏判然有陰陽晝夜之分而就彼入門亦有宗教頓漸之别固知大道之在天壤自明而誠由寂而感本懸此兩途以聽人之用力而必欲指爲怪妄爲吾道之不幸則亦過矣厥後慈湖楊氏潔齋袁氏以及沈煥舒璘之徒大闡其説人競宗之是豈無本而可以欺世者哉至六經皆我註腳亦攻之過激而故作此高視濶步之語毋怪乎謂其葱嶺帶來也

終

寫